MERCIER DESCLOUX

DESIDERATA

TRANSLATED BY EMMA RAMADAN

MERCURIAL EDITIONS NO. 2

PUBLISHED IN 2022 BY
INPATIENT PRESS, NYC

CONTENTS

Robert BRESSON

I woke up full of new strength.
On the screen was Les Enfants terribles.
When I fell ill I set up a little screen and a projector in easy view.
There are three films that play continuously. Les Enfants terribles, Mademoiselle, and Thomas l'imposteur.
All blond films.
For a stretch of time, there was only one film: Au Hasard Balthazar.
I saw it hundreds of times while on tranquilizers. For a while, my mind had become a notebook of stills, of annotation and art from this century.

Characteristic, black and white. The enamel on Pollock's canvas. We are all the children of Jackson Pollock.
We are all chaotic mutants—an extension of his action.
Of his wild fist that sends us swirling. Right at the moment when we launched our own attack against the hymn via vocal arrangements and a sort of Little Richard and James Brown or Mick Jagger. Right at the moment when we cheated in the dance, a discipline of ritual abandon. Right at the moment when we advanced alone and became someone with an arm that descends on the "sonic set up" of an electric guitar.
I dream a lot of Brâncuşi when I play guitar. His struggle with marble is my drama with rock. I like the contact of the neck. A strong and solid maple neck like the thick veins of a boy's arm or the throat of a conqueror.

II

There's a close-up of Marie. It's the same Marie of Un plus une. The virgin guerrilla stares down.
Like the madonnas of Siena she is able to hold a conversation with the vein of her neck.
She is the model artist. Eve the manipulatable, she is the victim, the sacrificial lamb of inspiration.

Gérard's hand is on her neck. His hands, like his clothes, are covered in extracts of action-oil.
Like the artist he is what he does.
His clothes are black because he is a poet.
Black is the uniform, the skin of the poet.
His clothes are black and the oil too—his milieu.
Thanks to her he can reduce language to the physical hieroglyphics of convergence, in muted blues.

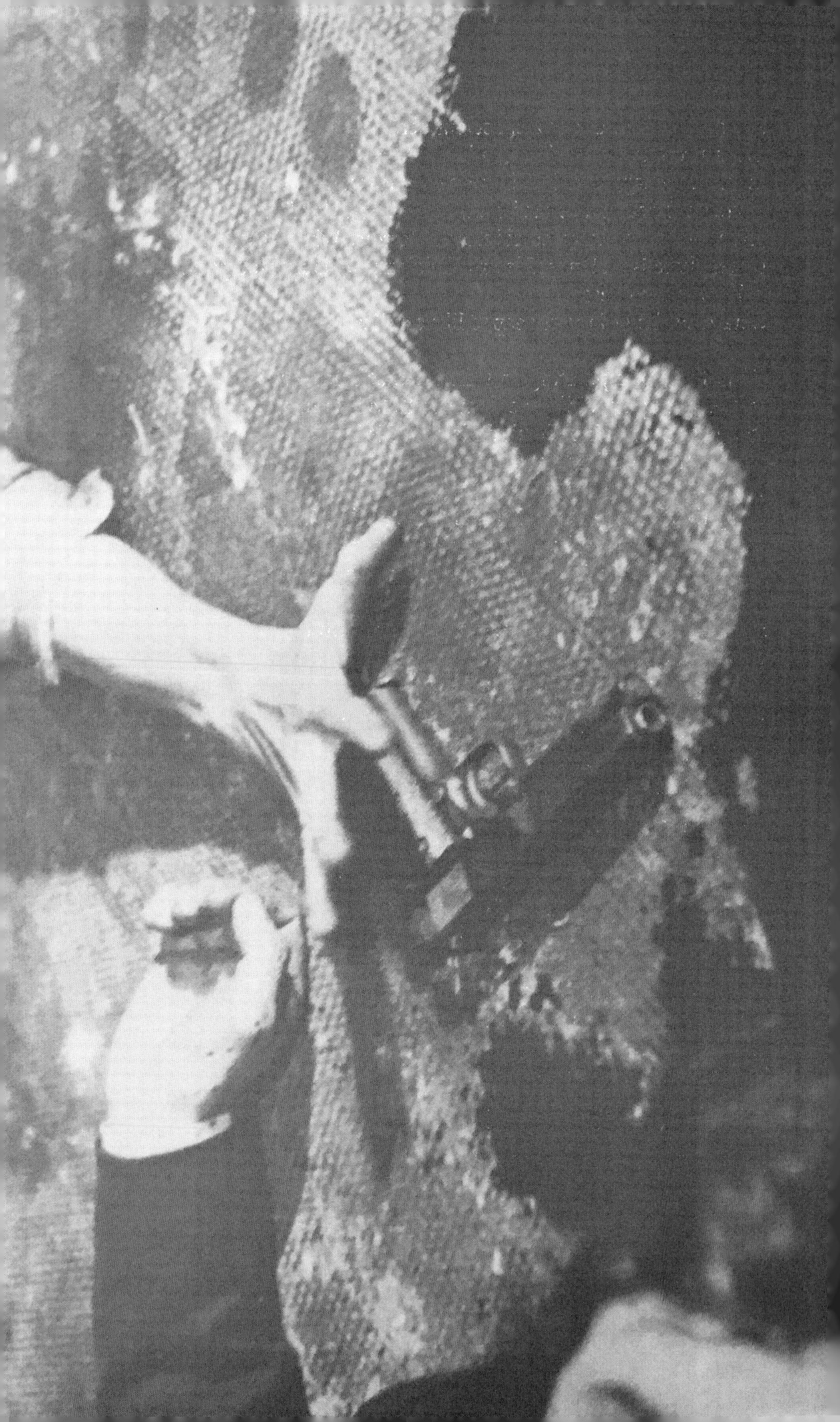

Art is work. Working is a conscious act.
Art is a conscious act that requires the harnessing of the subconscious, a nuclear energy, and the discipline of the mind. To also create distance, to create. Then comes the inventor—the miracle of the purr of the telephone—the powerful corridors of Detroit. Where there is electrical power there is violence. Electrical violence is man at his peak. Marie is in her birth process.
Gérard swallows Lugers shaped like candies.

Gérard puts the painting and the car that skids, crashes, and sputters on the same plane. Like the numbers 11, 14 it's not an accident. The last icon is printed in blue behind his eyes. He knows what he wants to see and controls the destruction.
The last
He spills oil on the road. He waits in the field with his hands on his hips, laughing. A boy crashes into another. His motorbike, strutting next to the colors of Marie's tattered dress, is lying on its side.
He waits.
He wants to feel what it's like to watch the destruction of his creation in the ultimate conclusion.
His hopes (fire, murder) are limitless.
He doesn't possess any potential for remorse.
He's a monster like his brothers:
de Kooning: destroyer of women,
Gorky: cowardly visionary
Rothko: the dark truth
Pollock: licensed killer
He also wants to witness his own immediate reaction to his creation and gradually the reaction of others.
The reaction of the woman discovering her bloody husband is a work of art.
Gérard is the creator but there are sub-creators.
A photographer lifts his Pentax and captures her face. One snapshot follows another.
The first snapshot was magical, a stolen moment. The fresh sadness is triggered by snapshots, in a carcass of Tri-x filmstrips.
The girl strolls foolishly through the field. The boy pulls her onto the ground with him and forces her to spread her knees. She is unable to speak or scream. She is on the verge of completely dissociating.

He fucks her until she comes back to reality.
When he feels the scream gurgling and climbing in her throat, he shuts her up by forcefully shoving his bike chain between her teeth.
Now he will fuck her slowly.
He will witness her submission while her father is dying:
In a spasm, her hands grab at the grass and the clovers. The hand of her father
slips and relaxes its grip. Another great work. Her will and her action operate independently of each other.

Here she is a criminal. She participates actively in her own glorious rape and in the silent and pathetic death of her father. She is no longer innocent but a living breathing work of art.

Gérard works. All these details, his incorporation of women, his destruction of man and of nature, are necessary components.
The parts compose the full tableau and the only real portrait of Jackson Pollock—cowardly, murderous, vile. A master pissing on Villon's curls.
A monster master whose work resembles a composite arranged over days and nights of clumsiness. A French man is the first to recognize him.
Jackson Pollock—the first real American artist struggling with a totally American dilemma.

Death and his blood, and the blood of Bunny was his most beautiful work.
It splattered and drew something like the first breath of an effusion.
Gérard thinks of these things as if he were shackled. He was taken to prison. His gesture says no. If a criminal is a failed artist then he is a criminal.
Look around. The girl, flabby and spaced out, kisses his feet.
Over there, on the street, the car door is permanently incorporated into the dead man's face.
The red light surrounds the weeping woman.
The highway is jammed with flash cubes and greasy debris. It's my most beautiful work, he tells them. I did it with my eyes open and my conscience bare and clear. The man with the Pentax will be handsomely rewarded by the press for the woman's scream. What will I receive and why do you crucify me?

They chain him to a tree. He rubs his chin against the bark.
Then his cheek and his mouth.
He opens his lips and sticks his tongue in and out quick and hard like a jet of healing mineral water.
He presses himself against the tree. He thinks of the girl and her violet neck.

He ejaculates in his underwear, through his underwear, onto the tree, in the branches of the life just there, where they interrogate him during the scene.
There is oil on the road.
That oil is why the car lost control.
What we want to know is who put this oil here and what was the motive.
Who put that oil there?
me.
motive
art.
I had to recreate the death of Jackson Pollock with the same radical destiny that flowed from the sacred symbols of his own death
image: numbers 11, 14 and portrait of a dream
image: the woman, Lee Krasner, shading her eyes with brown, smudged hands.
Here we don't have an accident or a crime but a literal translation of a man losing control of himself
and of the insatiability of a woman.
not a woman but a girl who would teach him like her professor taught her.
grease
film of sorrow
who put that oil there?
me.
motive
art.
Who was your professor?
Robert BRESSON.

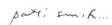

patti smith...

Yellow

ONE FIFTH.

An afternoon of anchors thrown through
windows: I ring the bell, hands bloody
in my labyrinth pockets. Listen to her
sliding behind the walls
of the door. Begrudging. Don't
open the door for me! I collapse into a bag of dirty laundry.
The altitude, the hundred steps?
I try to tighten a strap
that doesn't exist. I don't know it from A...
a tonsure on the back of the neck. She scratches
herself from the other side of a circular
swish-swish; the musical saw no doubt.
Hey! my ponytail.
A disorder of words to the beat of a cane;
bastil... Patt...
autosat...
I was preparing to assail her,
stethoscope tangled, when she swung a
burning bucket of dead water at me and I perished under Her.

MALABAR AND THE SHARK

Cabbage patch, blessed holly,
blueprints of nerves, this, that.
Hours 6AM to 10PM.
Exile alone.
Esteem is lost: possible.
Does she bite her fingers?
Does she manage?
Bring her an open bottle
she'll swallow it in a spurt
like someone ringing an alarm
trying to look for the timer.
Lassic or lubrive?
The nasty metamorphosis of
eye for an eye,
tooth for a tooth from the inside.
Today there is little left for me
to suffer from this tire.

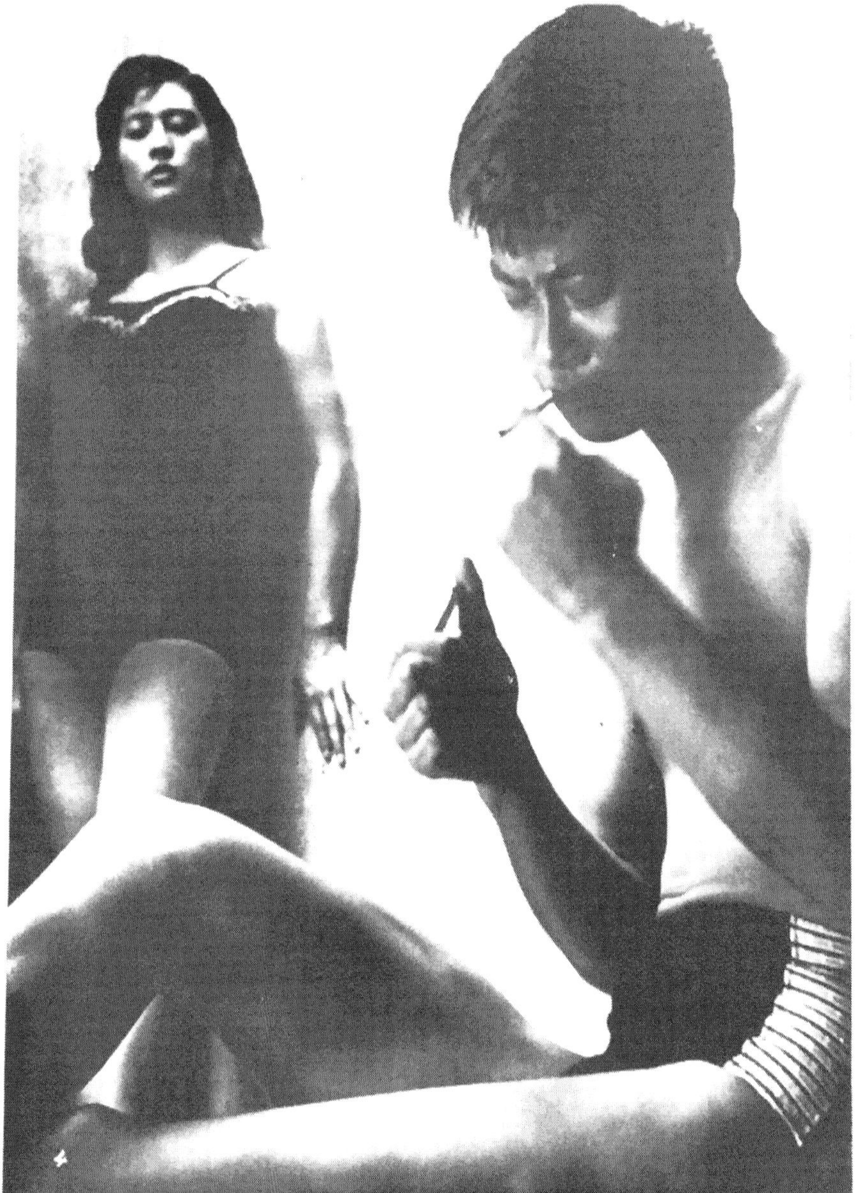

LET ME GO PERISH.

Folklore, giddiness
over what.
Time for the sun to analyze
its rays, its throat of domestic fire.
Second row to the right in the photo
etchings.
A shame how I meet the sea
with large strides.
The sea gesticulating.
Too-vast ceiling, life
lies like I breathe the bitter
air. Greedy
En route bad group!

ISADORA DUNCAN PALLET.

Laugh at tanning like this
under the quarterdecks.
The swell will sharpen
a hula hoop, a human race
Piraeus drowning.
The dance is radical.
Without faience… up the stairs, alas.
Organ scars on her neck
that the rubbed nylon and the disk
breaks ridiculed: strangl'
strangl' the viper with the lasso.

EARWIG

The coincidences
animal heads, human bodies.
The effect of nailing a plank barehanded.
The eardrums overlap, rush.
The woman with the Unicorn of dilemn.
The writings are thin, the books passengers
of hearing loss and the sympathetic nerve.
Virgin with the nose ring.
The coincidences spin
around adventure of strange symposiums.
Take what's fresh in a hollow plate
that will endure all the marks of fingers that see clearly.

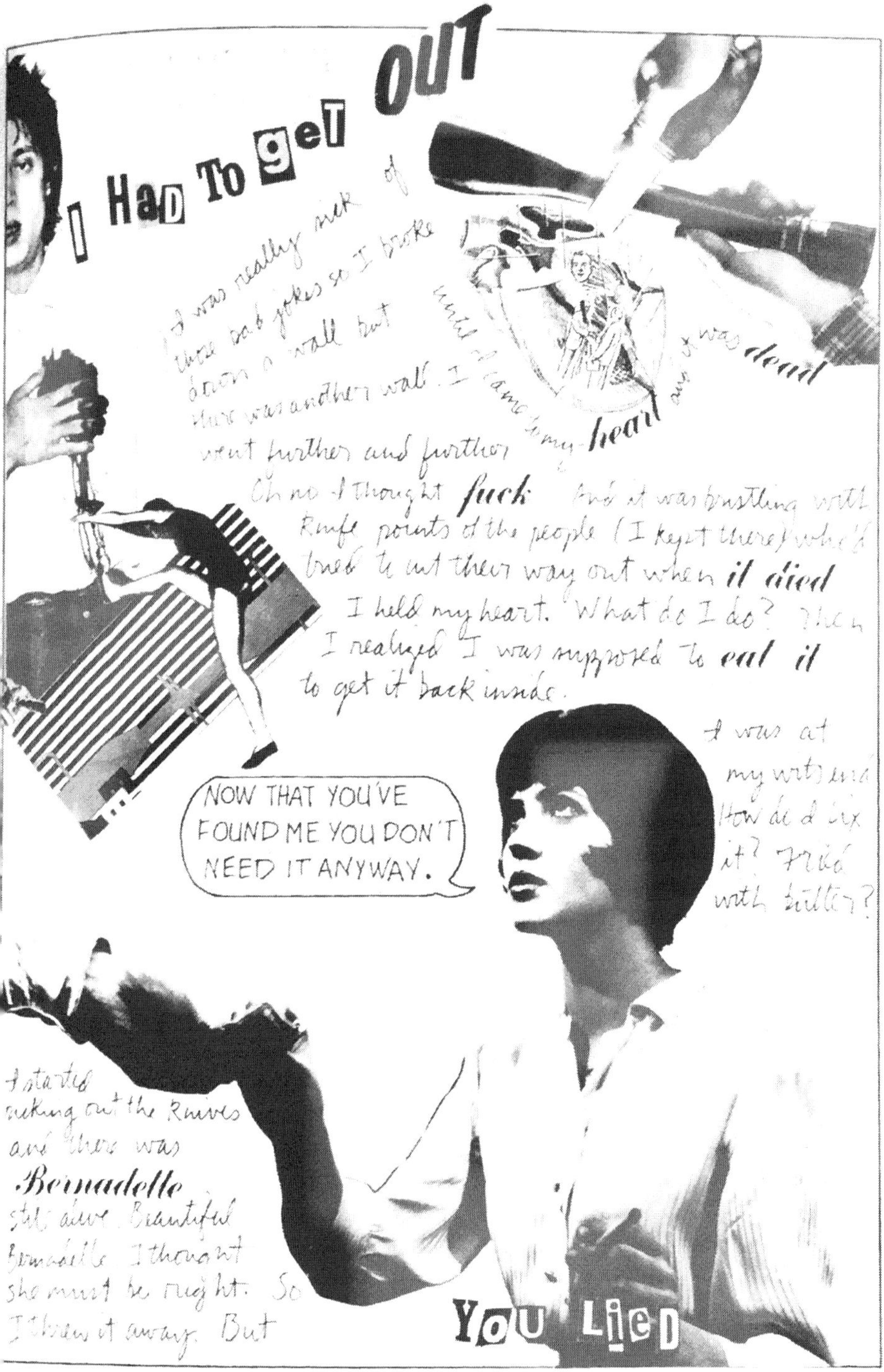
I HAD TO GET OUT
I was really sick of those bad jokes so I broke down a wall but there was another wall. I went further and further until I came to my heart and it was dead
Oh no I thought fuck And it was bristling with knife points of the people (I kept there) who'd tried to cut their way out when it died
I held my heart. What do I do? Then I realized I was supposed to eat it to get it back inside.
I was at my wits end How do I fix it? Fried with butter?
NOW THAT YOU'VE FOUND ME YOU DON'T NEED IT ANYWAY.
I started picking out the knives and there was Bernadette still alive Beautiful Bernadette I thought she must be right. So I threw it away. But
YOU LIED

10000 PERFECT CRIMES UNPUNISHED EVERY TIME

Wake up in water, a chewed-up cigarette
ripped from the lips.
The sunken windows, the
ancestors croak, conveyor belt.
Everything, everything is pleasing backwards.
Plan ruined: I play the gnome
he recites it himself.
align: or exaggerate his gestures,
spin around, move
the Curious with a black pawn,
a white stain of sun.
Love is war.
My flesh frames the result,
grasps my taxidermied flesh
the bitch.
Model existence of machination,
soldiers who shake the trees
hunting dogs on their shoulders.
Battle a germ by scraping
the throat like a pinhead.
A furious fool condescends well below
that because the fuse is on a voyage
nevertheless, never full stop.

PERSIAN FERMENT.

You could try.
Parallax prankster, I
represent the articles of paris
The town Tergiversator.
There was never anything there.
Except a few zizi-gougou
from a jinxed hand. Enter
Visit head first.
Head first, :
head first.
Tall woman like a dead stem
seated between two banners
as red as possible,
"close and open without dropping"
"chant before leaving"
Head first.
Distance yourself, an accomplice
to disorder. Touch
everything extremely badly.
Obviously I won't invent again.

mourir ou amortir la vie

19/77 Coronado IV

Jangle: chamaille choir

<u>imp-jangle</u>

hush! hush! hush!
l'anti-char.
Rien sinon lobber dans les
debats! et Merde.
la vie est intouchable
grande comme un mou
choir sale -
Aimable
DE CHIRURE -
la "bourgeoisie" est une invention
pour tuer l'arme à
feu de mon âme -
mes nerfs haïssent
moi je ne sais rien
faire de mes mains

HUDSON RIVER.

Master of sluggishness,
he shakes his fuzzy veins
by pressing them with his foot
and curbing the flesh color,
the ticklish material.
Pinch the cords of the
instrument until you draw blood. Freely
turn around while
they get undressed. Radioscopy
of the iron thorax that I know.
An appalling dive
salvaging the Hudson river
that mixes badly.
Trouble of green-chartreuse gouache,
blood-smile green.
"No U Turns" reflects...
Tragedy beyond the talent of cleaving
the figures of the soul.

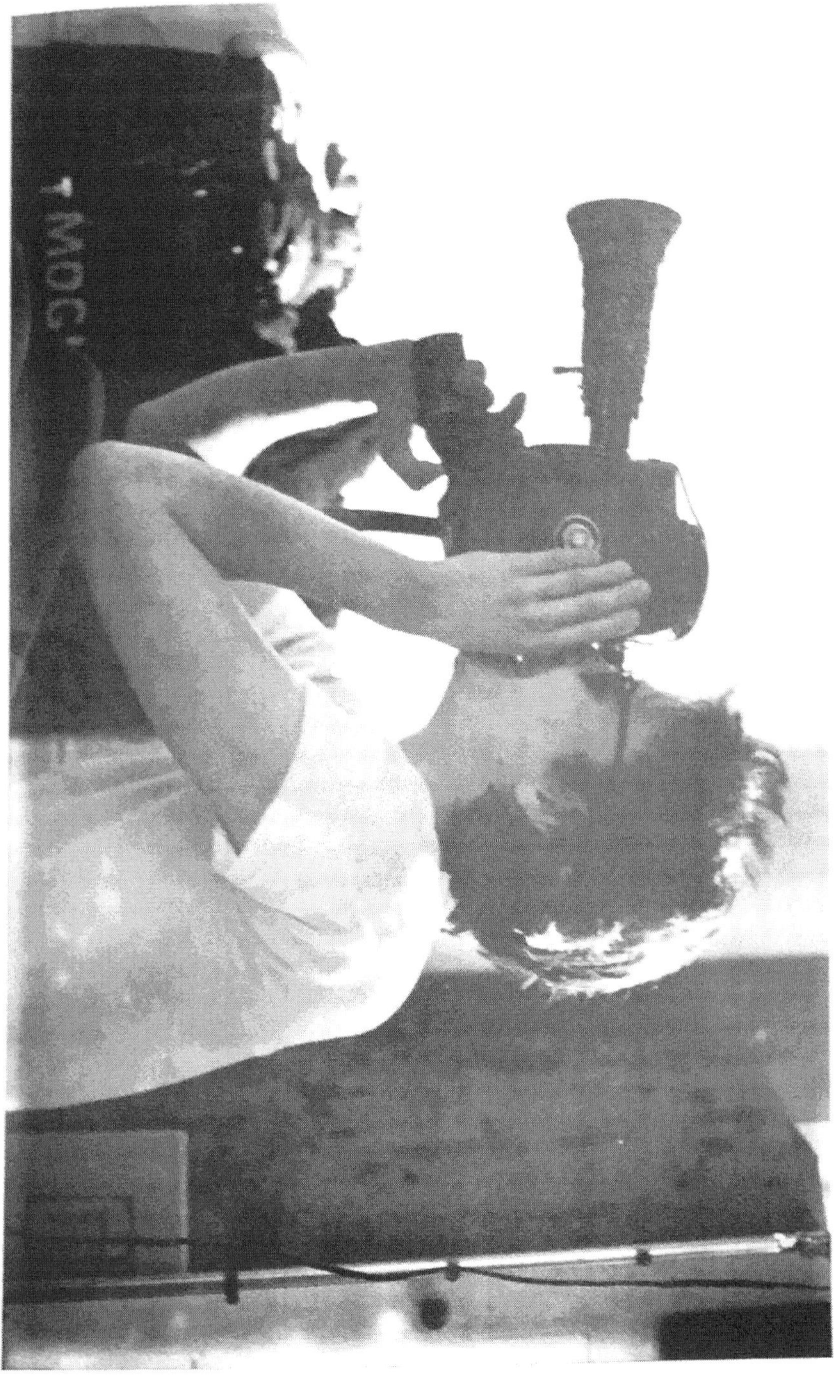

RAGING.

Sea star,
seaweed spic and span.
Swimming, complain
half-heartedly of the drop from
the sink that ravages, you and the palms on
your herringbone vest.
Two without coxswain. The apparition of a new
combat sport, black like a shovel of fire.

GEORGES OF GORRONNES

The electricity intrigued
the lightbulb beyond
these hopes.
Impossible to be angry
or to see through
slow his shoulders
rings by rings
Stretch another canvas
in the dark;
the underground painting
concealed in her breast.

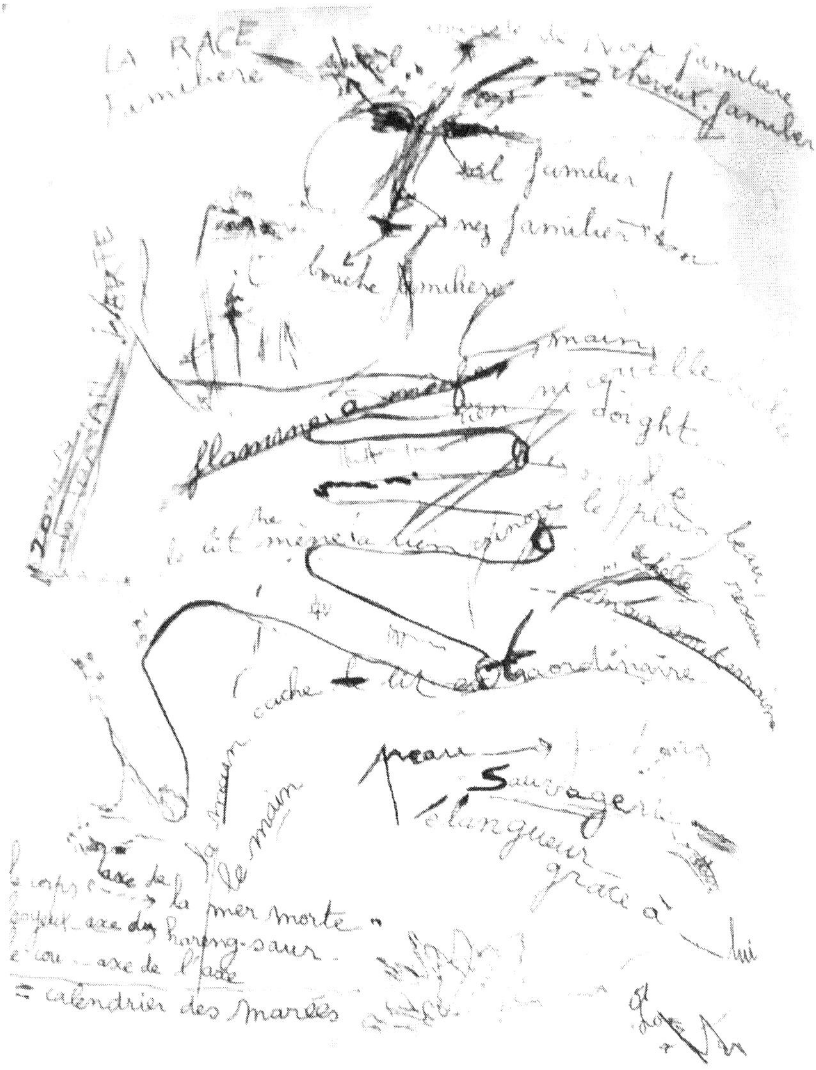
LA RACE
familière
familier
nez familier
bouche familière
main
doight
extraordinaire
cache
peau
sauvagerie
langueur
grâce à
la main
axe de
la mer morte
hareng-saur
calendrier des marées

TO THE GREAT THIEVES.

There's the wait, the maddening bug of begging.
Love exactly not.
Oxygen for ornament fish.
I was often skipped over.
Inhalation/Exhalation.
Idiots, top-notch thieves.
Money pities assistance.
As much ignorance as windows to windows.
No Belle.
I hand myself over, let's take the roundtrip to Beau Geste.

FROM BREME

Lie along the tiles
with a German gesture, the body
ravaged by visitors or
watch over a dead man.
The nightbirds do they
have wingspan panics?
Fuck yes. Male and female
the featherless bodies never more
ridiculous. Decay only.
Retract. The white the olympic eye
Watch the eyes restrain themselves for a long time
long time before the blah blah blahs
disappear.

MEAT.

Night after day, stunning flesh of absolute nerves.
Waxed and chilled, marrow and femur
Desire for fulmination.
Under the tongue capsules of color decant.
A tracheal taste, bled dry of dividends.
Night tariff, meat in an old brawl,
make it a museum,
a stone to construct a rare vice.
The floor of salvation / curare
will escape nonetheless.

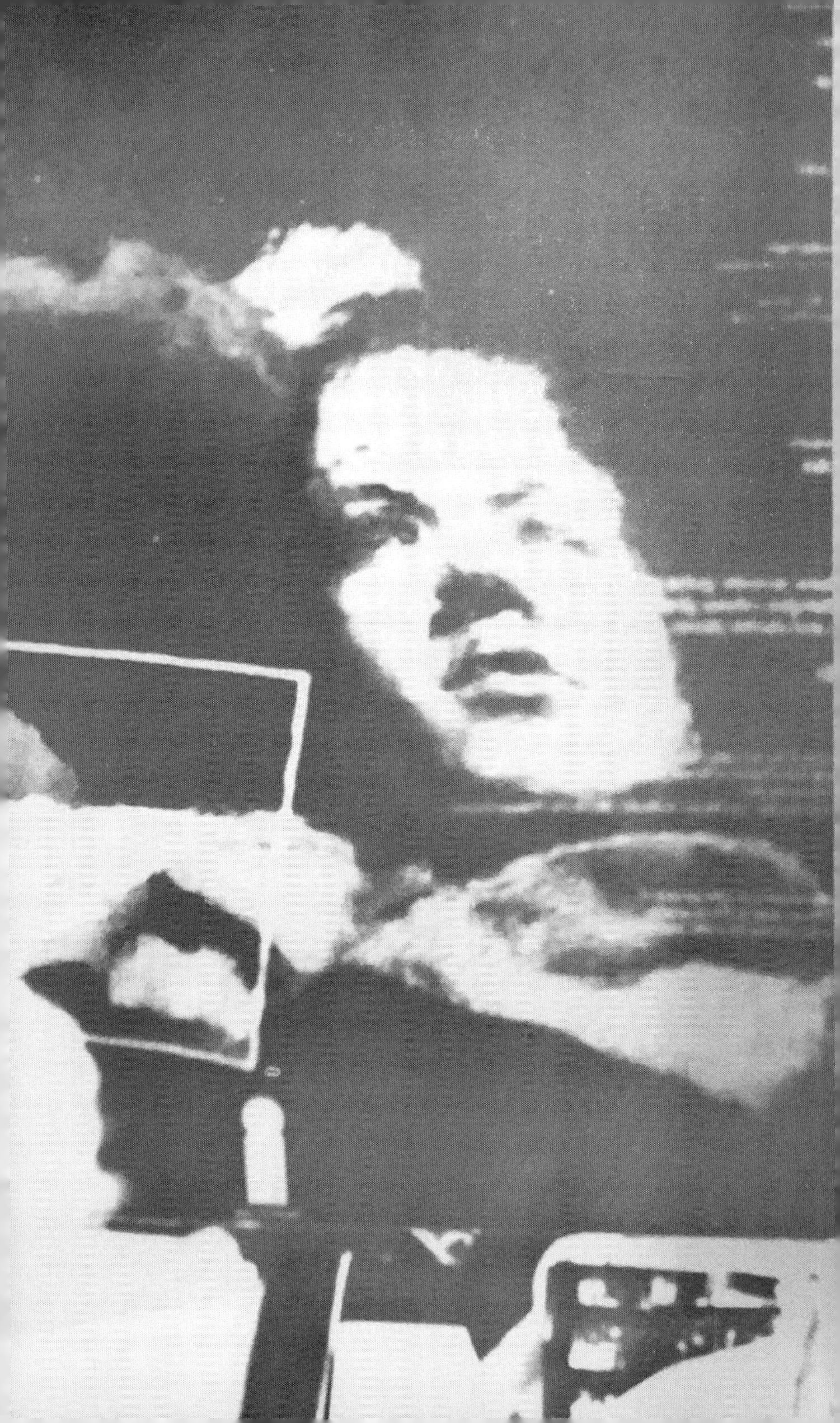

RISING TIGER BALM.

The heart beats elsewhere
Or else the illusion of Muller-Lyer
The illusion of the animal's reign
Over plants. Ah! Ah!
General Scala.
Baader. Death. A sound, a grin.
Gougeat etc.
The missing birth marks
Such or such Dead Person.
The Wild death. ;
Embalmed!
Jaxante!

RISING TIGER BALM.

The heart beats elsewhere
Or else the illusion of Muller-Lyer
The general illusion.
A sound, a smile.
Gougeat etc.
Violet stretch marks
The hand passes a balm.
Death slowly strung
Cure without pain: clasping maw
The skin summons a storm
Of tigers, a trade of muscles

SIBERIAN.

Blue synthesizer, shivering dog
aquamarine of the siberian eye dripline
the animal with the telescope subjugated
moving along, moving along a perimeter
in a crab's claw, drunk.
And their master under electrolysis
head — tail handled with force
towards the Great North.

H P S C H D.

Cage demands but no - fakir:Outsider.
Slug soup, the difference between
phase and face/:Self-disciplined.

Blackcurrant-blend voice of large marine
crocodiles for the scales and sherry + zythos
for the yperite/:Misplaced.

The impulse is centrifugal when it goes
from the nerve centers to the organs
and centripetal when it goes from the
organs to etc etc/:Calm.

Awful! Upright!
Awful! Upright! Partial.
All proportions kept
improper= ardent.

H : Helter-skelter
P :
S : Scout
C :
H :Hoyden
D :Dowse

Voyager Stubbornly,

Voyager Corrector.

ANTIMACASSAR.

To the forever maimed
The neck hanging by strings
Invent new weights and measures
The first “in hairs”
The second “in snakes”
What will happen to the allergic
A punch to their armor
The great proprietors will search my eyes
Before making them pop out
At the announcement:
10 hairs of charcoal!
3 snakes of wool!
The two oubliettes are a bonus.

CAUSES OF DEATH: World

Life and death

EVA WITH THE COMPLIMENTS OF AIR FORCE.

Respite.
Eva the agonist. The agape.
She's blet. Always that same
chore of solicitation;
of private life: shave, groom the
beard with a brush, cut it short,
wisdom of the mind in shards.
Touch or promiscuity?
In the savage state, without culture
with extravagance in speaking
of clocks, reverse breath.
Brain and brains hostile
to looping.
That one's Eva
the manifestation Healer
the trace, the hole of Ducasse
Before or after all
Sphinx... White mouse...
As much for you.
With the compliments of Air Force.

ABSINTH SUBITO.

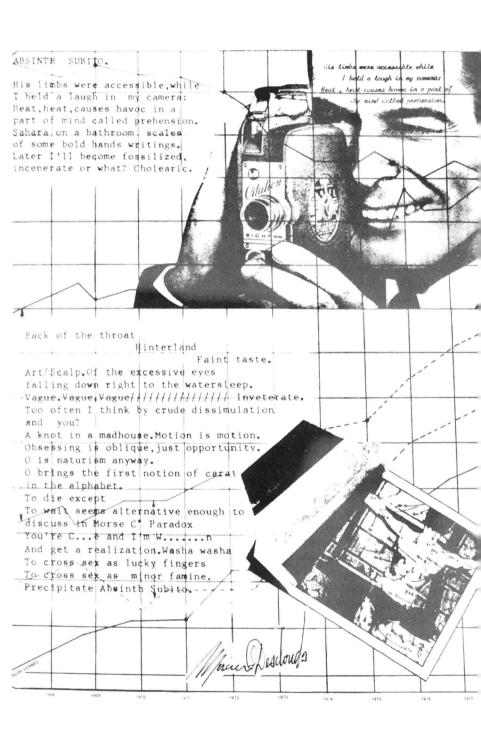

His limbs were accessible, while
I held a laugh in my camera:
Heat, heat, causes havoc in a
part of mind called prehension.
Sahara on a bathroom scales
of some bold hands writings.
Later I'll become fossilized,
incenerate or what? Cholearic.

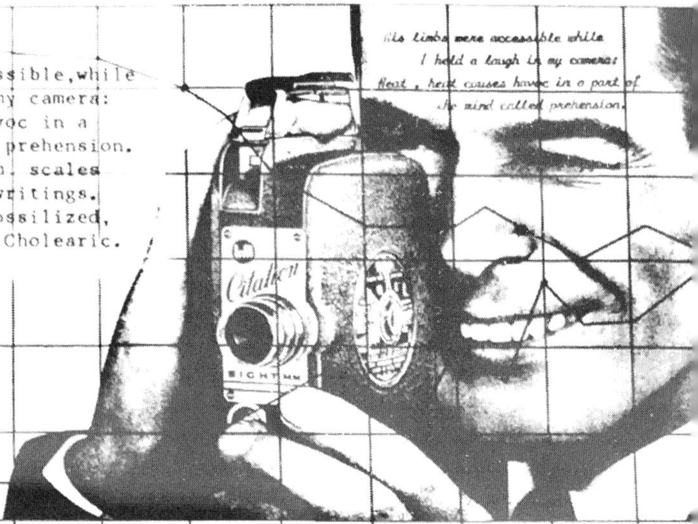
His limbs were accessible while
I held a laugh in my camera:
Heat, heat causes havoc in a part of
the mind called prehension.
Citation
EIGHT MM

Back of the throat
Hinterland
Faint taste.
Art/Scalp. Of the excessive eyes
falling down right to the watersleep.
Vague. Vague, Vague/////////////////// Inveterate.
Too often I think by crude dissimulation
and you?
A knot in a madhouse. Motion is motion.
Obsessing is oblique, just opportunity.
O is naturism anyway.
O brings the first notion of carat
in the alphabet.
To die except
To wait seems alternative enough to
discuss in Morse C' Paradox
You're C...e and I'm W.......n
And get a realization. Washa washa
To cross sex as lucky fingers
To cross sex as minor famine.
Precipitate Absinth Subito.- - - -

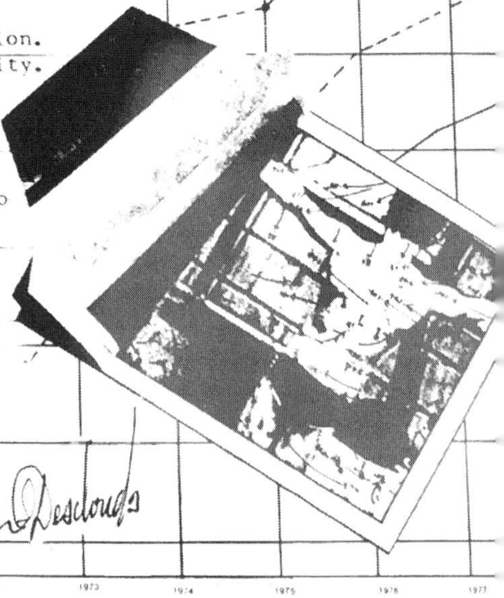

THERMAL MUMMY

Water is a master singer
the rest: disjunction.
We cannot step foot on earth
without activating a pedal.
a ground connection.
The pastimes these combustibles
that none of us understand.
Constantly on the move.
An episode in a white blouse
places its hands on you.
Pretends to be a mummy, a candle,
a ferret. Vivi-something.

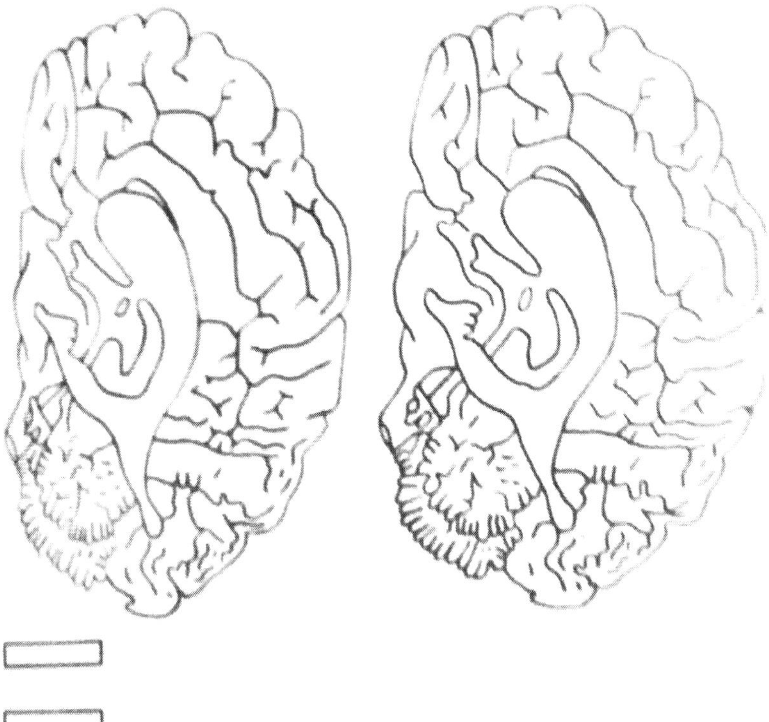

ZORRO SCENARIO.

Close-up of him holding a painting
at arm's length.
There is a circle of white chalk
and his shape below in
color. Cigarette in his lips and
as the camera gradually retreats
he brings his face to the canvas.
The cigarette pierces the canvas and stays
stuck inside. From the pockets of his
bathrobe he takes out packets of Craven
Boyard, empty Gitanes, sticks with the main
frame, the curves, places them on
his knees and smashes them.
A shot of a book posed against a window
"l'official de la couleur" the camera films
in 3D: the haute couture of the sea:
image of a fishing party on the high seas
mainly focused on the glistening of
nylon straws in the water and fore-
arms at full speed on the machinery
of enormous chrome fishing rods.
Nightfall filmed in slow motion.
The corridor half-dark he unplugs the body
covered in collector's postage stamps,
lit candles between his toes.
He walks on his heels. He speaks:
"I painted a truffle hunt
in the forest or a search for pleasure: Nothing
absolutely no one sees anything in it but fire and I
contracted the spread finger malady"
He collapses to the ground and blows out
his candles. It's the wind of everything.
He is nothing more than a ball of charcoal/
The camera draws farther and closer to the
canvas and focuses for a long time on just an immense
sketch of a signature in the center:
a Z for Zorro.

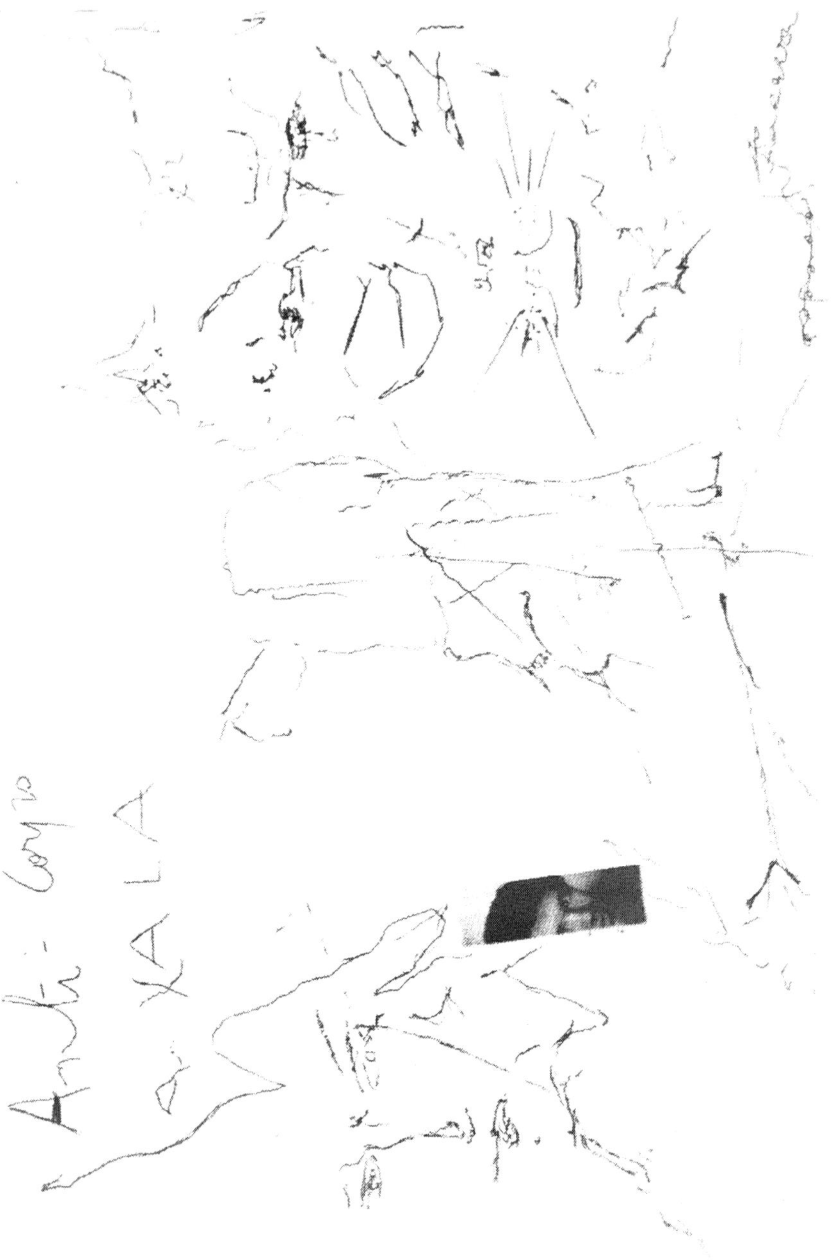

l'Inde, est
écrire parce que quoi
pour personne, à perte
Décalquer "Fais pas le Jacques"
le meilleur défaut, l'épisode
"la PLANTE"
judas
"l'intellect" qui repousse
pieux l'anéantir
l'unique espoir de se

a . —
b — ...
c — . — .
d — ..
e .
f . . — .
g — — .
h . . . .
i . .
j . — — —
k — . —
l . — . .
m — —

n — .
o — — —
p . — — .
q — — . —
r . — .
s . . .
t —
u . . —
v . . . —
w . — —
x — . . —
y — . — —
z — — . .

./.—/— — — /..— ./
. —/.../— ../.—— ./ ./— —
/.— — /.— /.— ../— .—— /— .— — /.— ./../././.../
/...— /— — — /../— .—— ./ ./.../.— — /../—/..../
/—/..../ ./
/..../— .— — /.../—/./.— ./../— .— ./.—/.— ../
/../— ./.../— /../— ./— .— ./—/
/.—/— ./..../—/
/./.— ./— — — /— — /
/.../../
/.— — /. —/../..../— /— — . —/.— ./ ./— .../ ./
/.—/./..../— — ./
/— ./..../ /— ./..../ /— ./..../ /— ./..../
/. — — /.— /../.../
/— — — /— /
/../— ./
/.— — ./ ./.— ./../.— ../

O.B.I.T.

I pulled this tissue from his pocket
that was no longer his pocket
but a spine open
to the page of a monologue:
"Untie me from this tree
covered in paintings of linos,
tools, samba masks.
Blood dense, in my head
in my head, in my head;
my tattoo is a cartoon
it runs across my leg
a silent spooky film
the affection of gestures
lost in replenishment.
The eroticism in the stomach of his mother.
Shoot! and my wound on the music
BLACK on the prowl, toujours in blood
drags the tatt… to the talkies.
Untie me from this
tree covered in paint…"

I stuff the tissue
into his mouth seeming
like what?

HIS GLASS OF

His glasses,
which he throws sometimes into his glass
to refresh his drink
and chill his peppermint eyes.
K.O. his rival
the eye-index vibrato.
The armed machine of my Fender Jaguar.
Music turns passion to vinegar.

lizzy april 77

AFRO-SILENCE.

Patience!
Jargonauts of all
the dead languages.
The standard word of mouth reading
between the sexes, the derailleurs of
despair, of bad faith
the long kitchen knives
the sacred art, rubbing-reddening.
Our own disillusion.
The snail's cramp and the drool
resting wordlessly:
the fault in the soul.
Patience! The sap is a big deal.
Sparse & Ultramarine.
Goner & goner & goner & GONER.
The fate in the soul,
the easterneuropean hand,
Sagging. The plague!
So be it!
Contortionist born I.
The Africa airstream
the only spasm sound, scream,
song of rapturous skull,
the sensitive graft, the
realistic state
of the ventriloquist. I feel
my lanky sides / Misery.
The mores of my race mystery-bitterness
Foreign. Percussion almost
alive. I will never recover from it,
I mean 10 Dec 77.

BURNING
SPEAR

ILLUSTRATIONS & PHOTOS CREDIT

Cet ouvrage a été achevé d'imprimer à Paris
le 30 Décembre 1977.
Dépôt légal : 1° trimestre 1978
N° d'édition 7701
Imprimé en France.

MICHEL ESTEBAN EDITEUR

MICHEL ESTEBAN EDITEUR

ILLUSTRATIONS & PHOTOS CREDIT

Cet ouvrage a été achevé d'imprimer à Paris
le 30 Décembre 1977.
Dépôt légal : 1° trimestre 1978
N° d'édition 7701
Imprimé en France.

AFRO SILENCE.

Patience!
Jargonautes de toutes
Les langues mortes.
La lecture type de bouche a oreille
Entre les sexes, les derailleurs de
Désespoir, de mauvaise foi
Les longs couteaux de cuisine
L'art bache, massant-roumir.
La notre de désillusion.
La crampe d'escargot et la bave
Reposants sans parole:
Le tort dans l'âme.
Patience! C'est grace la sève.
Spares & ultramarine.
Goner goner & goner & GONER.
Le sort dans l'âme,
La main lesteuropeenne,
Voutante. La peste!
Soit!
Contorsionist ne je.
Le courant d'air Africa
Le seul spasme son cri,
Chant du crane beat,
La reffe sensible, le
Vraisemblable état
De ventriloque. Je sens
Mes cotes d'escogriffe / Misère.
Les mouers de ma race mystere-amertume
Etrangere. Percussion a peine
A vie. Je n'en reviendrai jamais,
I mean 10 Dec 77 déjà

BURNING
SPEAR

SON VERRE DE

Son verre de contact,
Qu’il jette parfois dans son verre
Pour rafraîchir le drink
Et frapper ses yeux peppermint.
Mettre son adversaire K.O
L’oeil-index vibrato.
Machine à bras de ma Fender Jaguar.
La musique fait vinaigre de la passion.

O.B.I.T.

Je tirai ce mouchoir de sa poche
Qui n'ètait plus sa poche
Mais une échine ouverte
à la page du monologue :
<< Détaches moi de cet arbre
où sont peints des linos
Des outils, masques à samba.
Le ange dense, à ma tête
à ma tête, à ma tête ;
Mon tatouage se dessine animé
Court su ma jambe
Un film muet de frousse
L'affection des gestes
Perdus en réassort.
L'érotisme dans le ventre de sa mère.
Mince ! Et ma plaie sur la musique
NOIRE en chasse, still en sang
entraîne la tatoua…au cinéma
parlant. Détaches moi e et
Arbre où sont peu… >>
Je fourrai le mouchoir
Dans sa bouche en ayant
L'air de quoi?

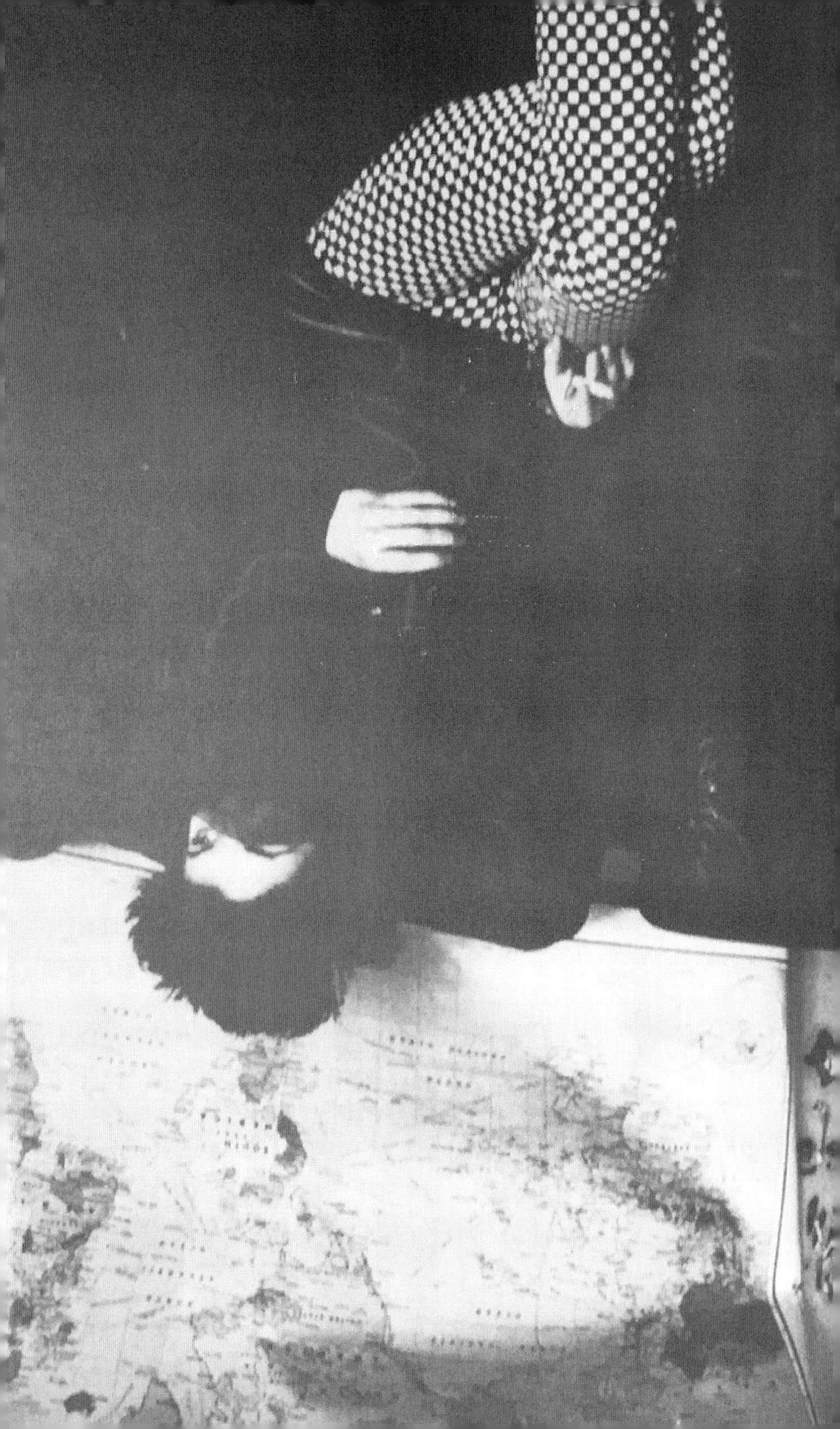

a . —
b — ...
c — . — .
d — ..
e .
f . . — .
g — — .
h . . . .
i . .
j . — — —
k — . —
l . — . .
m — —

n — .
o — — —
p . — — .
q — — . —
r . — .
s . . .
t —
u . . —
v . . . —
w . — —
x — . . —
y — . — —
z — — . .

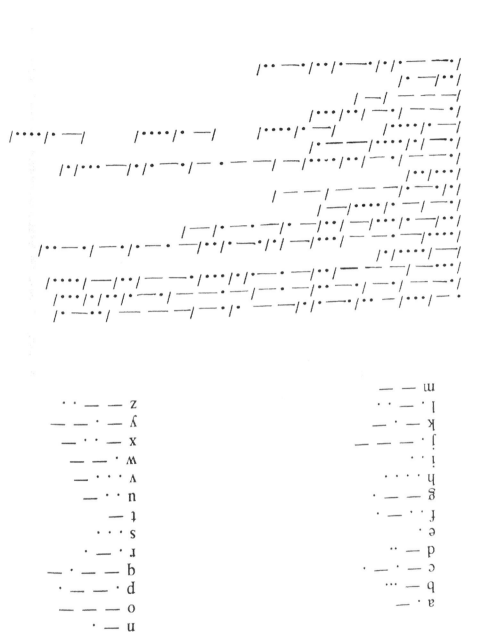

. —/.../— ../.— — ./. /— — ./.—/— — —/..— ./
/.— —/.—/.— ../— .—/— .— —/.— ./../. /.../
/...—/— — —/../— .— ./. /.../.— —/../—/..../
/—/..../. /
/..../— .— —/.../—/. /.— ./../— .— ./.—/.— ../
/../— ./.../—/../— ./— .— ./—/
/.—/— ./..../—/
/. /.— ./— — —/— —/
/.../../
/.— —/. —/../..../—/— — . —/.— ./. /— .../. /
/.—/. /..../— — ./
/— ./..../ /— ./..../ /— ./..../ /— ./..../
/. — —/.—/../.../
/— — —/—/
/../— ./
/.— — ./. /.— ./../.— ../

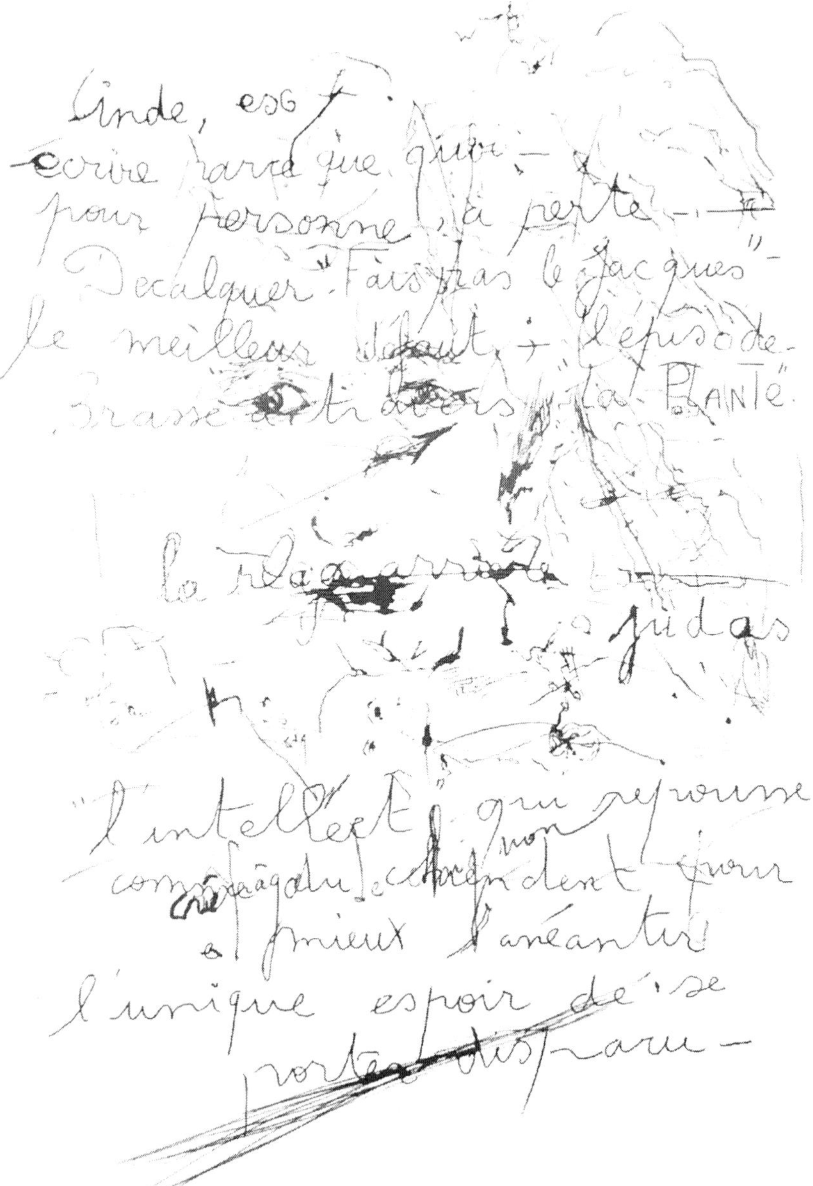
l'Inde, est
écrire parce que quoi
pour personne, à perte
Décalquer "Fais pas le Jacques"
le meilleur défaut + l'épisode
Brasse à travers "La PLANTE"
judas
"l'intellect" qui repousse
non
pour
à mieux l'anéantir
l'unique espoir de se
porter disparu

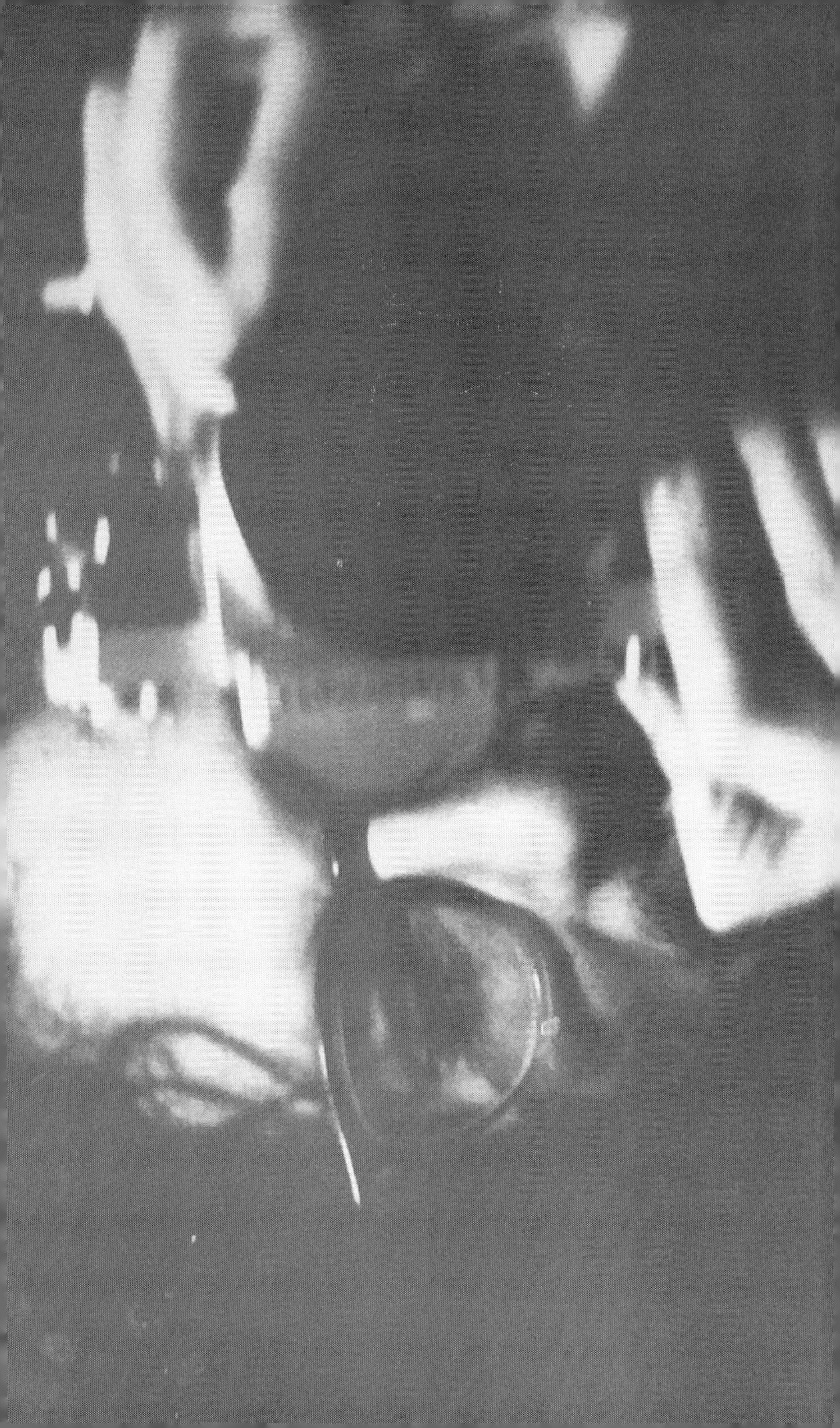

Anti-corpo
a XALA

ZORRO SCENARIO.

Gros plan sur lui tenant une peinture
à bout de bras.
Il y'a un cercle de craie blanche
Et sa forme en contre-bas en termes de
Couleurs. Cigarette à ses lèvres et au
Fur et à mesure que le caméra se dégage
Il approche son visage de la toile.
La cigarette transperce la toile et reste
Planter dedans. Il sort de sea poches
De robe de chambre des paquets de Craven
Boyard, Gitanes vides garde la monture
Principale, les arrondies, les pose sur
Son genoux et les fait éclater.
Plan sur un livre posé contre une fenêtre
"l'officiel de la couleur" la caméra filme
En procédé relief:la haute couture en mer:
Vision d'une parie de pêche en haute mer
Principalement sur le chatoiement des
Pailles de nylon dans l'eau et des avant -
Bras à toute vitesse sur les mécaniques
D'énormes cannes à pêche chromées.
La nuit tombée filmée au ralenti.
Le couloir quasi-obscur il débouche le corps
Recouvert de timbres postes collection,
Des bougies allumées entre ses doigts de
pieds. Il marche sur les talons. Il parle:
" J'ai peint l recherche des truffes
En forêt ou quête du plaisir:Rien absolu-
Ment personne n'y voit que du feu et j'ai
contracté la maladie des doigts écartés"
Il se laisse tomber par terre et souffle
Ses bougies. C'est vent de tout.
Il n'est plus qu'un boulet de charbon/
La caméra se retire et s'approche de la
Toile et fixe longtemps juste une immense
Ébauche de signature au centre de la toile:
Un Z qui veut dire Zorro.

MOMIE THERMAL

L’eau est un maître chanteur
Le reste : disjonction.
On ne peut mettre un pied par terre
Sans actionner une pédale,
Une prise de terre.
Les loisirs ces combustibles
Qui nous dépassent tous.
Echancrement sans cesse.
Un épisode en blouse blanche
Posent es mains sur vous.
Il joue à la momie, à la chandelle,
Au furet. Vivi-quelque chose.

ABSINTH SUBITO.

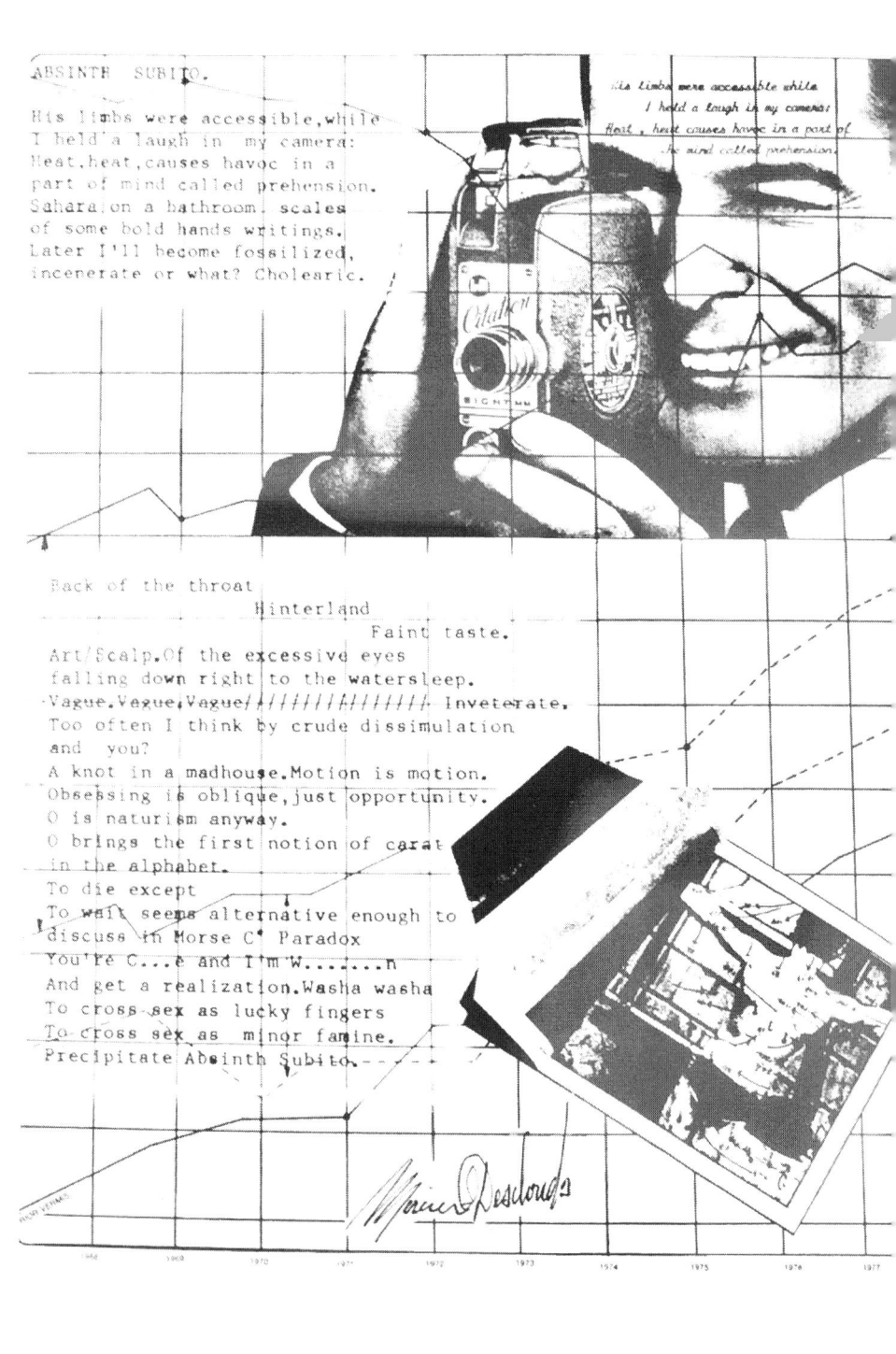

His limbs were accessible,while
I held a laugh in my camera:
Heat,heat,causes havoc in a
part of mind called prehension.
Sahara on a bathroom scales
of some bold hands writings.
Later I'll become fossilized,
incenerate or what? Cholearic.

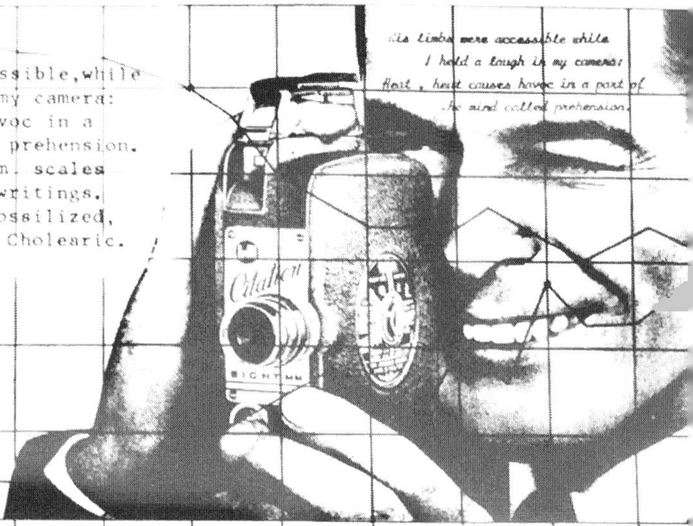
His limbs were accessible while
I held a laugh in my camera:
Heat , heat causes havoc in a part of
the mind called prehension.

Back of the throat
Hinterland
Faint taste.
Art/Scalp.Of the excessive eyes
falling down right to the watersleep.
Vague.Vague,Vague/////////////////// Inveterate.
Too often I think by crude dissimulation
and you?
A knot in a madhouse.Motion is motion.
Obsessing is oblique,just opportunity.
O is naturism anyway.
O brings the first notion of carat
in the alphabet.
To die except
To wait seems alternative enough to
discuss in Morse C° Paradox
You're C...e and I'm W.......n
And get a realization.Washa washa
To cross sex as lucky fingers
To cross sex as minor famine.
Precipitate Absinth Subito.-----

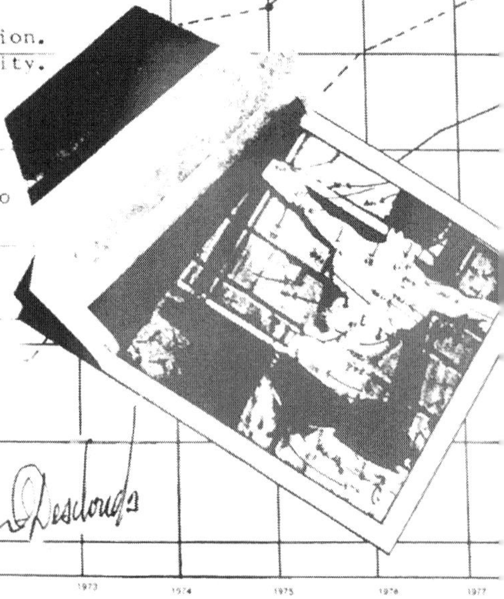

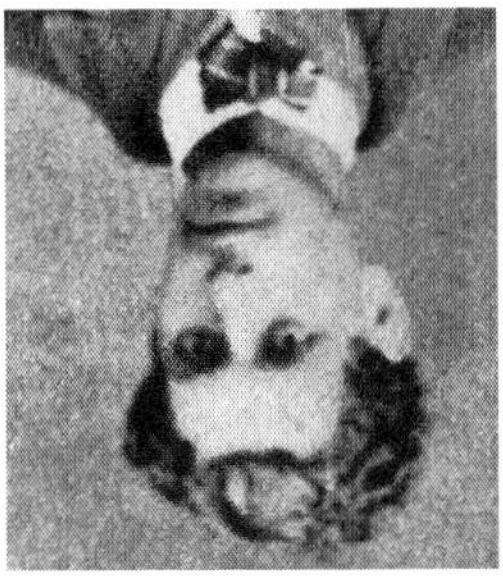

Relâche.
Eva the agonist. The agape.
She's blet. Toujours cette même
corvée de la sollicitation;
De vie privée : raser, faire la
Barbe à, effleurer, couper ras,
sagacité de l'esprit aux éclats.
L'attouchement ou la promiscuité?
A l'etat sauvage, sans culture
Avec extravagance en parlant
Des horloges, haleine contraire.
Cerveau et cervelle hostile
Aux Looping.
Lui c'est Eva
La manifestation Soigneur
La trace, le trou de Ducasse
Aunt ou aprés tout
Sphinx...Souris blanche...
Autant pour vous.
With the compliments of Air Force.

EVA WITH THE COMPLIMENTS OF AIR FORCE.

CAUSES OF DEATH: World

Life and death

ANTIMACASSAR.

A l'estropiée de toujours,
Le come tendu par des ficelles
Inventer des nouveaux poids et mesures
Les premiers << en poils >>
Les seconds << en serpents >>
Qu'adviendra t'il des allergiques
Un poinçon à leur armure
Les grands propriétaires me fouilleront les yeux
Avant de les faire sauter
A la criée :
10 poils de charbon !
3 serpents de drap !
Les deux oubliettes en prime.

H P S C H D.

Cage exige mais non - fakir:Outsider.
Soupe à la limace,la difference entre
phase et face/:Autodisciplinée.

Voix mêle-cassis de grands crocodiles
marins pour les écailles et xeres + zythum
pour l'hypérite/:Egarée.

Affreux! Debout§!
Affreux! Debout! Partiel.
Toute proportion gardée
impropre= ardent.

L'influx est centrifuge quand il va
des centres nerveux vers les organes
et centripète lorsqu'il va des
organes vers etc etc/: Etale.

H : Helter-skelter
P :
S : Scout
C :
H :Hoyden
D :Dowse.

SIBERIAN.

Bleu synthetiseur, chien de frisson
Aigue-marine de l'oeil sibérien-larmier
L'animal à la longue vue subjuguée
longeant, logeant un périmétre
En pince de cabe, saoûl.
Et leur maître sous électrolyse
Tête - bêche mainpulé de force
Vers le Grand Nord.

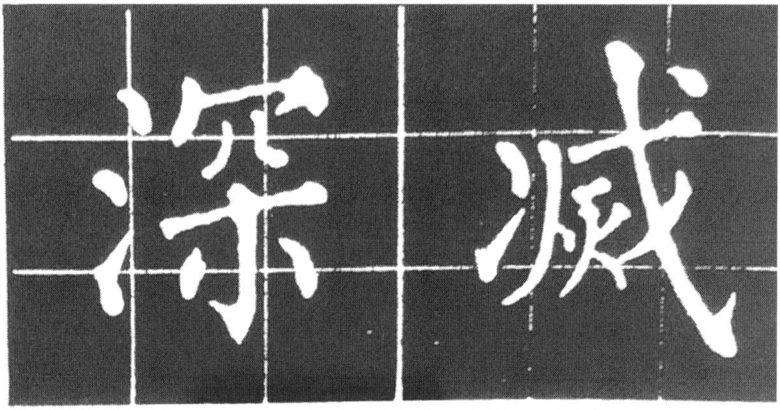

BAUME DU TIGRE LEVANT.

Le cœur bat par ailleurs
Sinon l'illusion de Muller-Lyer
L'illusion du règne animal
Sur le végétal. Ah ! Ah !
Scala générale.
Baader Mort. Un son, un rictus.
Gougeat etc.
Les vergétures à la manque
Telle ou tel Mort.
La mort Fauve. ;
Embaumée !
Jaxante !

BAUME DU TIGRE LEVANT.

Le cœur bat par ailleurs. Sinon
L'illusion de müller-Lyer
L'illusion générale.
Un son, un rictus.
Gougeat etc.
Les vergétures à la violette
La main passe un baume
Lent de la mort ficellée
Guérir non sans mal : mordache
La peau soulève une tempête
De tigres, une greffe du muscle psoas

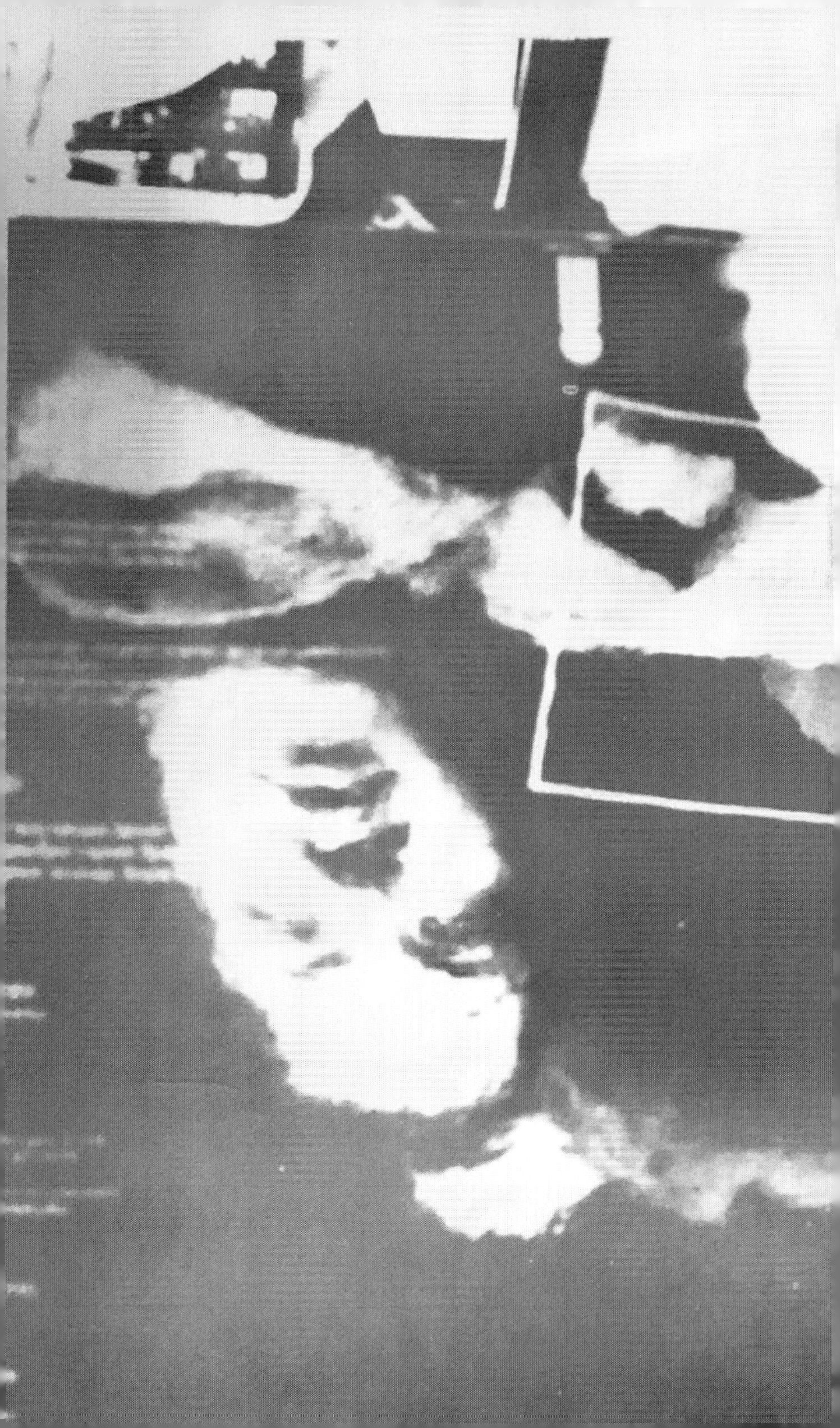

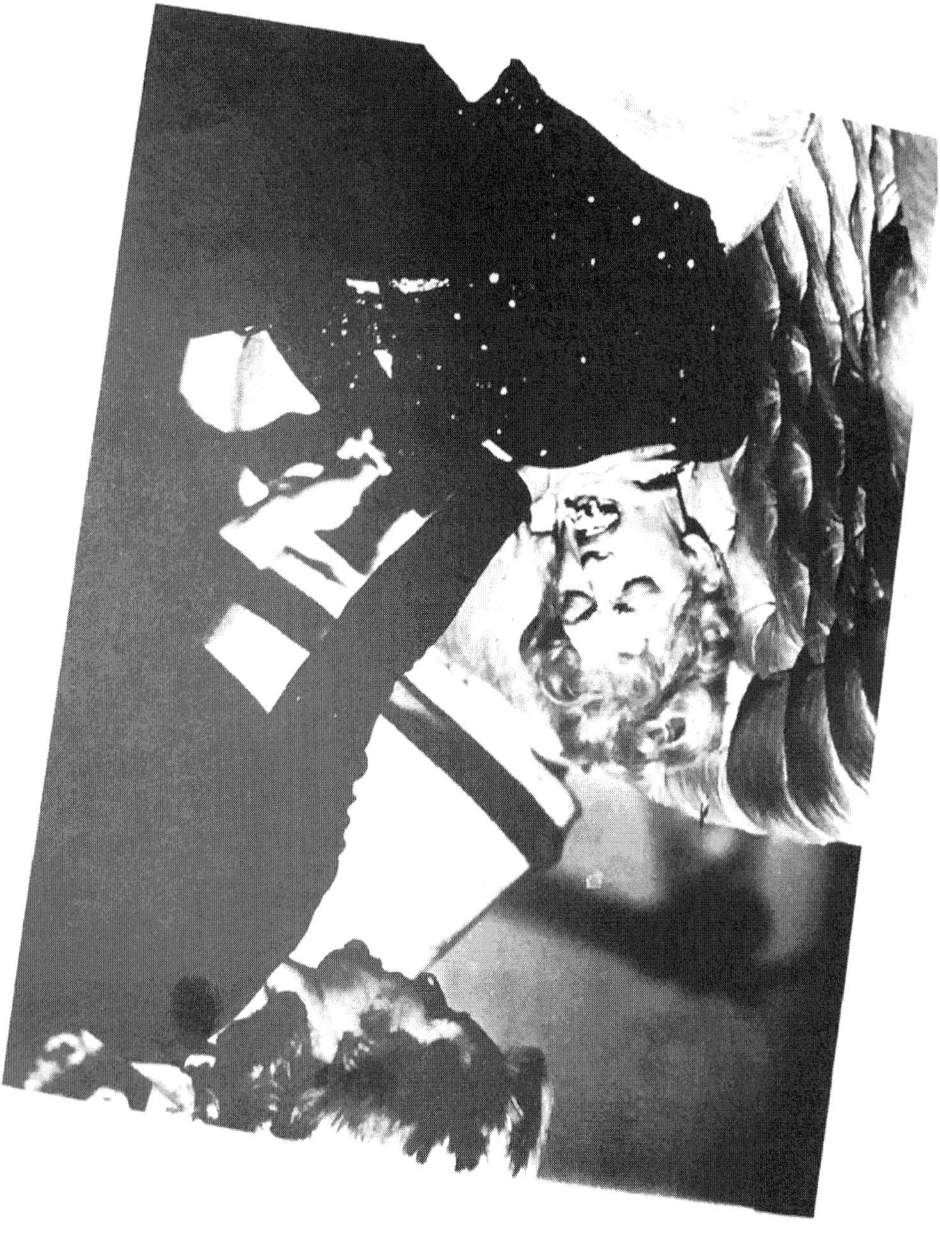

VIANDE.

Nuit après jour, épatante chair de nerfs absolus.
Epilante et refroidie moëlle et fémur
Désir de fulmination.Sous la langue des gélules de couleurs décantent.
Un goût traché, exangue de dividende.
Tarif de nuit, la viande en vieil échaufourré,
Faites en donc un museum,
Une pierre à bâtir un vice rare.
Il lui échappera néanmoins
Le côté planche de salut/Curare.

DE BREME

S'allonger sur le carrelage
d'un geste allemand, le corps
ravagé par des visiteurs ou
veiller un mort.
Les oiseaux de soir ont ils
des crises d'envergure ?
Foutre oui. Mâle et femelle
les corps déplumés jamais plus
risible. Déchoir seulement.
Rétracter. Le blanc l'œil olympique
Regarde se brider les yeux longtemps
longtemps avant que les bla bla bla
aient disparus.

AUX GRANDE VOLEURS

Il y'a l'attente, l'exaspérante bestiole de la mendicité.
Amour exactement pas.
Oxygène pour poissons d'ornement.
J'étais souvent passée à côté.
Inspirations / Expiration.
Les idioties des hauts vols.
L'argent fait pitié d'assistance.
Autant d'ignorance que de fenêtres aux fenêtres.
Aucune e Belle.
Je me fie, je te tiens à l'aller-retour de Beau Geste.

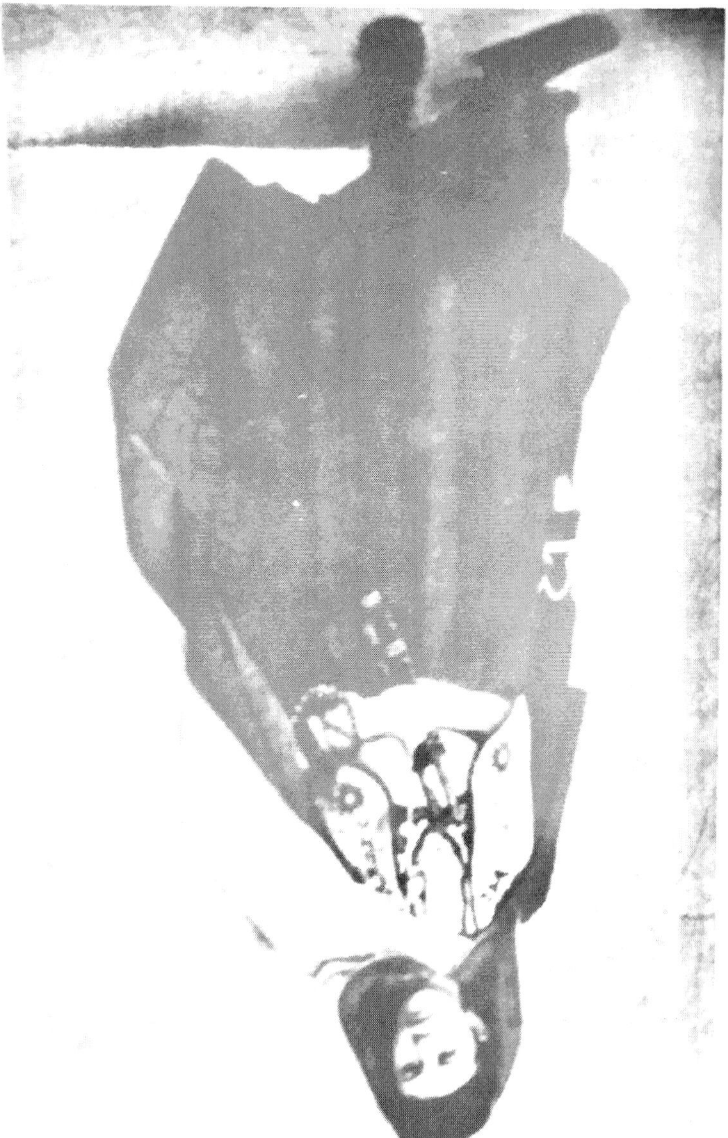

LA RACE
familière
cheveux familier
œil familier
nez familier
bouche familière
main
doight
le lit
extraordinaire
peau
sauvagerie
langueur
grâce à
la mer morte
hareng-saur
axe de
calendrier des marées

GEORGES DE GORRONNES

L’électricité intriguait
L’ampoule au-delà
De ces espérances.
Impossible de se fâcher
Ni de voir au travers
Retarder es épaules
Anneaux par anneaux
Retendre une autre toile
Dans le noir ;
Le peintre souterraine
Proce en son sein

A LA RAGE.

Etoile de mer,
D’algues pic et pan.
Ala nage et se plaindre
Mollement de la goutte du
Robinet qui ravage, vous et les palmes sur
Votre veste à chevron.
Deux sans barreurs. L’apparition d’un nouveau
Sport de combat, noir comme une pelle à feu.

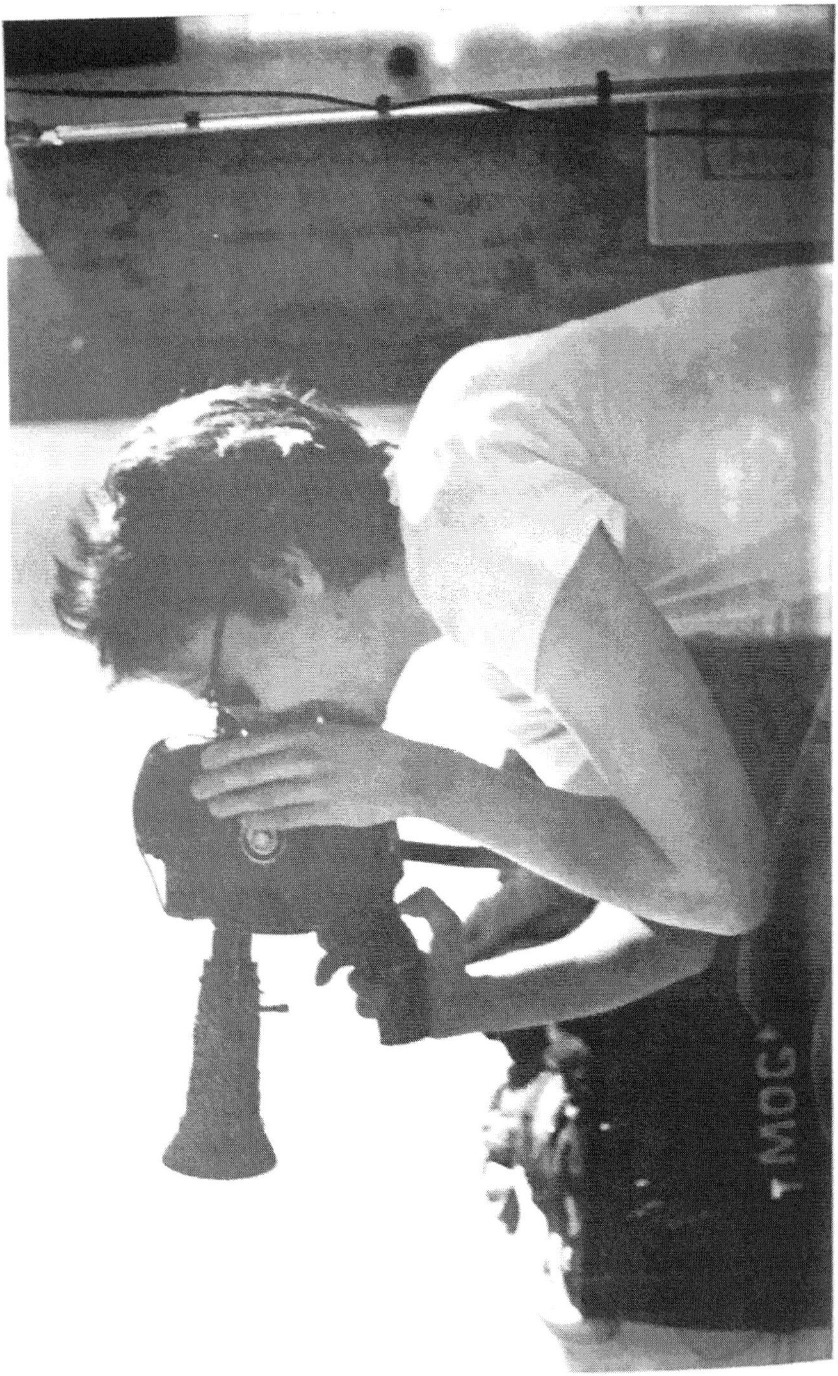

HUDSON RIVER.

Le maître des lenteurs,
Il secoue ses veines floues
En les poussant du pied
Et freiner la couleur chair.
La matière chatouilleuse.
Pince au sang les cordes
De l'instrument. A flots
Tournez-vous pendant que
L'on se déshabille. Radioscopie
Du thorax de fer que je sache.
Un épouvantable du plongeon
Aux repêchage de l'Hudson river
Qui se mélange mal.
Tracas de gouache vert-chartreuse,
Vert sang-smile.
<< No U Turns >> se réfléchit…
Drame hors del talent à fendre
Les figures de l'âme

19/77 Coronado II

Jangle: chamaille choir

<u>imp-jangle</u>

hush, hush! hush!
l'anti-char.
Rien sinon bruler dans les
debats! et Merde.
la vie est intouchable
grande comme un mou
choir sale.
Aimable
DE-CHIRURE—
la "bourgeoisie" est une invention
pour tuer l'arme à
feu de mon âme—
mes nerfs haïssent
moi je ne sais rien
faire de mes mains

mourir ou amortir la vie

PERSIAN FERMENT.

Vous auriez beau faire.
Loustic parallaxe, je
représente les articles des pairs
La ville Tergisversator.
Il n’y a Jamais rien eu.
Si quelques zizi-gougou
De poisse-main. Entrez
Visitez la tête la première.
La tête la première, : la
tête la première.
Grande femme de tige morte
Assise entre deux écriteaux
Aussi rouge que possible,
<< fermez et ouvrez sans démorde >>
<< scandez avant de partir >>
Le tête la première.
Eloignez vous de mêche
Avec le désordre. Touchez
A tout extrêmement mal.
Evidemment je n’inventerai plus.

10000 CRIMES PARFAITS IMPUNIS CHAQUE FOIS

Se réveiller en eau, une cigarette crûe
De dents arrachées aux lèyres.
Les fenêtres enfoncées les
ancêtres claquent tapis roulant.
tout, tout se plaît en arrière.
Plan râté : je joue le nain
Il se récite du lui.
Ranger : ou exagérer ses gestes,
Se tourner autour, déplacer
La Curieuse d'un pion noir,
Une tâche blanche de soleil.
Aimer c'est la guerre.
Ma chair cadre le résultat,
Capte taxidermée ma chair
La salope.
Existence modèle de la machination,
De soldats qui secouent les arbres
Des chiens en chasse sur l'épaule.
Guerroyer un germe en se raclant
La gorge comme une tête d'épingle.
Un fou furieux daigne bien au-dessus
De cela car l'amorce est au voyage
Néanmoins, néant tout court.

I HAD TO GET OUT
I was really sick of those bad jokes so I broke down a wall but there was another wall. I went further and further until I came to my heart and it was dead
Oh no I thought fuck And it was bristling with Rnife points of the people (I kept there) who'd tried to cut their way out when it died
I held my heart. What do I do? Then I realized I was supposed to eat it to get it back inside.
I was at my wits end How do I fix it? Fried with butter?
NOW THAT YOU'VE FOUND ME YOU DON'T NEED IT ANYWAY.
I started picking out the Rnives and there was Bernadette still alive. Beautiful Bernadette. I thought she must be right. So I threw it away. But
YOU LIED

PERCE-OREILLE

Les coincidences
têtes d'animal, corps humains.
L'effet de clouer une planche les mains nues.
Les tympans se chevauchent et se ruent.
La dame à la Licorne de dilemm.
Les écrits sont ténus, les livres passagers
De la perte de l'ouïe et du nerf sympathique.
Vierge à l'anneau dans le nez.
Les coïncidences têtes a queue
Approximativement adventure de coloques étrangers.
Prendre le frais dans une assiette creuse
Qui subira toutes les marques de doigt qui voient clair.

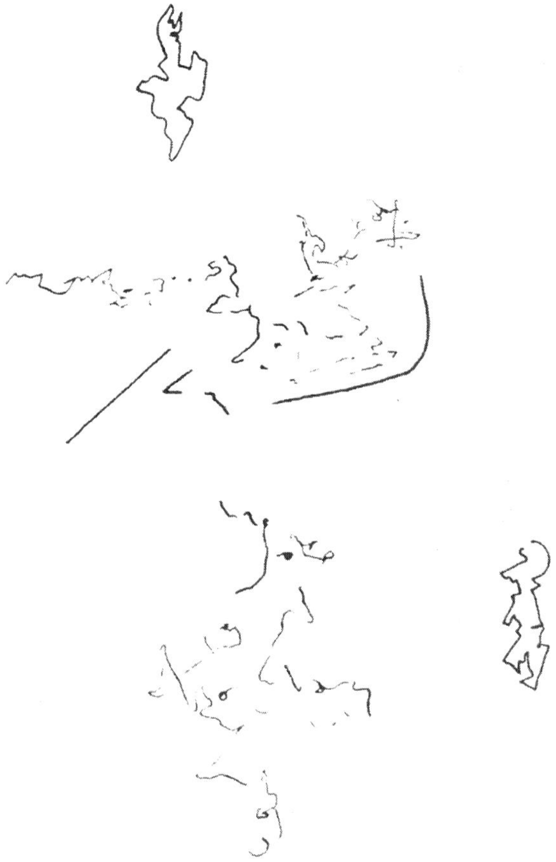

ISADORA DUNCAN PAILLASSE.

Ris donc à brunir ainsi
Sous les plages arrières.
La houle s'affutera bien
Un houla-houp, un genre humain
Du Piré a la noyade.
La danse est radicale.
Sans faïence....en escalier hélas.
Des marques, d'oranges sur son cou
Que le Nyon frotté et les freins
à disques ont raillé : étrangl'
Étrangl' la vipére à lasso.

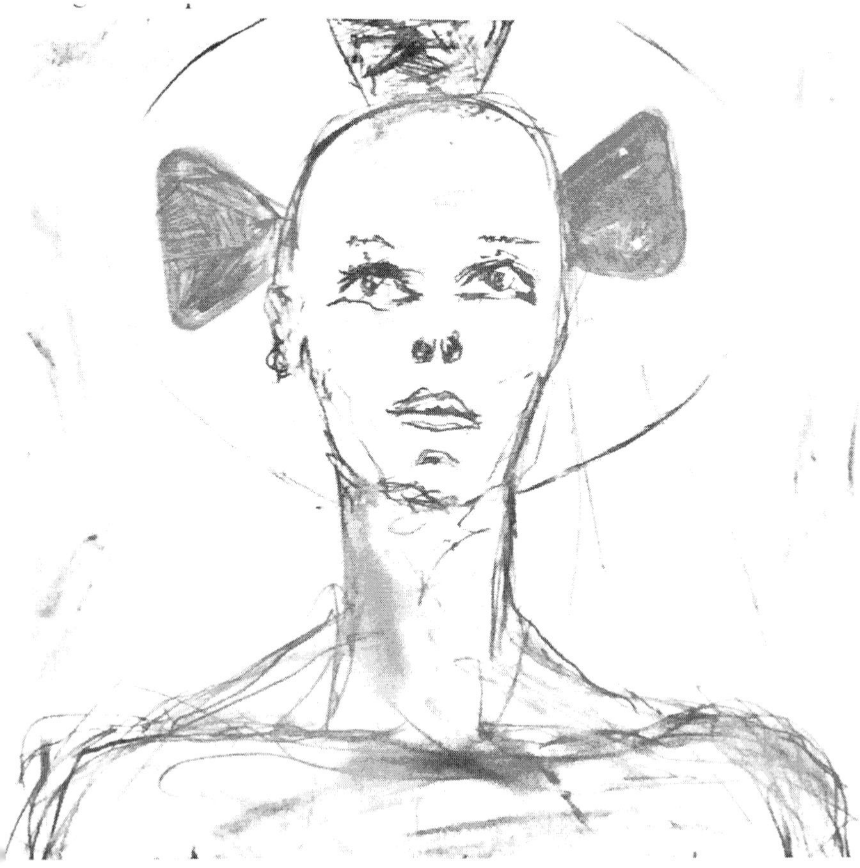

LACHEZ-MOI PERIR

Folklore, giddiness
over what.
Time for the sun to analyze
its rays, its throat of domestic fire.
Second row to the right in the photo
etchings.
A shame how I meet the sea
with large strides.
The sea gesticulating.
Too-vast ceiling, life
lies like I breathe the bitter
air. Greedy
En route bad group!

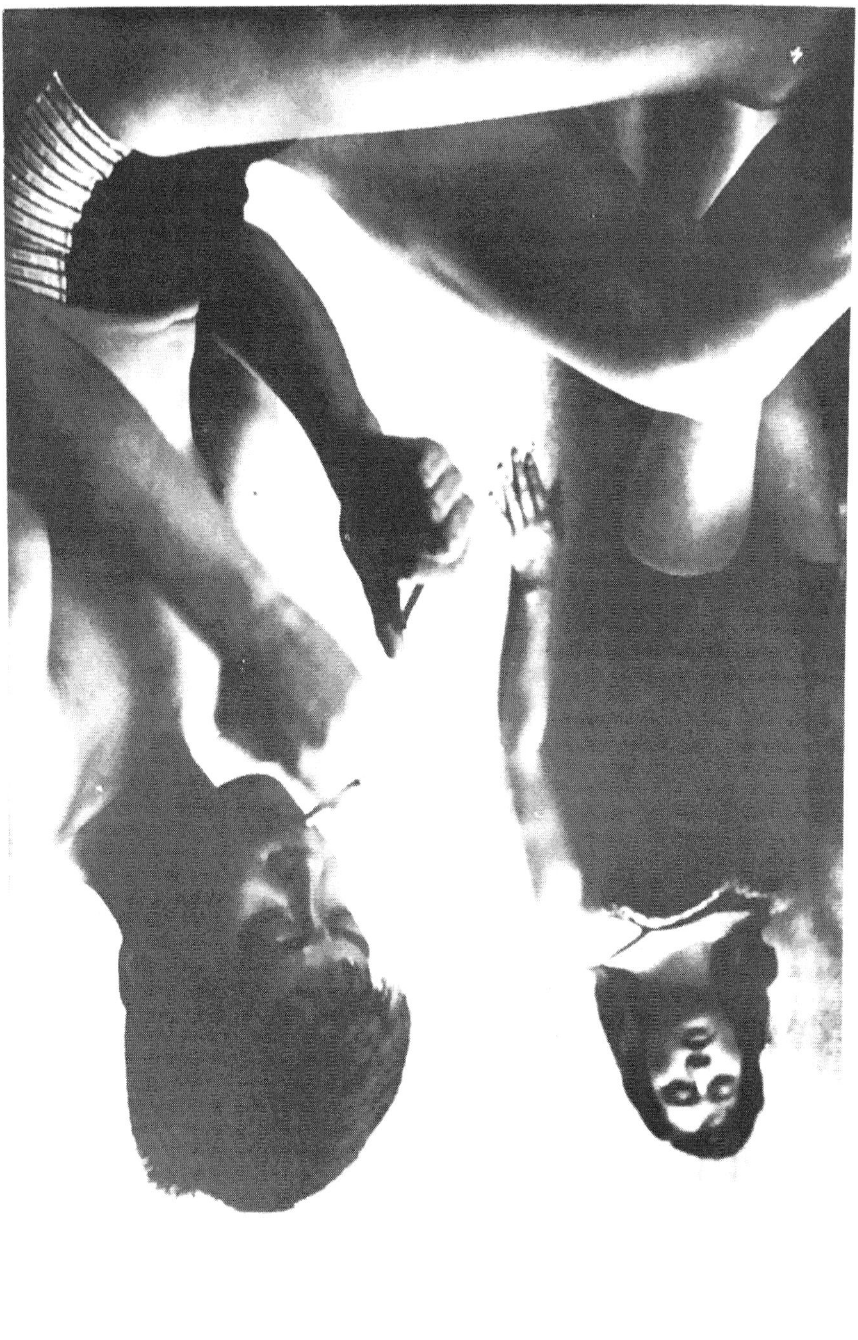

MALABAR ET LE REQUIN

Choux ravé, houx béni,
Les plans de nerfs, Ceci, cela.
Hours 6 AM to 10 PM.
L'exil seul.
L'estime se perd : possible.
S'en mord elle les doigts?
S'en sort elle?
Montez lui une bouteille entamée
Elle l'avalera d'un jet
Comme une tire une sonnette
En croyant chercher la minuterie.
Lassique ou lubrive ?
La sale métamorphose de
l'oeil pour l'oeil,
Dent pour dent de l'intérieur.
Aujourd'hui qu'il me reste
Peu à souffrir de ce pneu.

ONE FIFTH.

Un après-midi d'ancre jetées par
Les fenêtres : je sonne, les mains saignées
Dans ma poches a dédales. L'ècouter
Glisser derrière les parois soutenues
De la porte. Rechigner. Surtout ne pas
M'ouvrir ! Je m'affale en sac de linge sale.
L'altitude, les cents pas ?
Je me prends à resserrer une sangle
Qui n'existe ni d'E… ni d'A…,
Une tonsure à la nuque. Elle se
Gratte de l'autre côté d'un crin-crin
Circulaire ; de la scie musicale sans doute.
Hep ! Ma queue de cheval.
Un désordre de mots en coup de trique ;
bastil….Patt…
autosat…
Je m'apprêtais à l'assaillir,
Stetoscope en vrac lorsqu'elle me balança
Un seu bruyant d'eau morte et je péris sous Elle.

Ziggy · April 97 at Charleville

Il éjacule dans son slip, à travers son slip, sur l'arbre, dans les
Branches de la vie juste là, où pendant la scène où ils le questionnent.
Il y a de l'huile sur la route.
Cette huile est l cause de la perte de contrôle de la voiture.
Ce que nous voulons savoir c'est qui a mis cette huile icie et quel était le
motif.
Qui a mis de l'huile là?
Moi.
Motif
art.
Je devais recréer la mort de Jackson Pollock avec le même destinée
Radicale qui découlait des signes saints de sa propre mort
Image : numéros 11, 14 et portrait d'une rêve
Image : la femme, Lee Krasner, ombrant ses yeux avec des mains
Marrons et tachées.
Ici nous n'avons pas d'accident pas de crime mais une traduction littérale
D'un homme qui perd le contrôle de lui-même
Et de l'insatiabilité d'une femme
Pas une femme mais une fille qui lui apprendrait comme son professeur
Lui a appris.
Graisse
Film de chagrin
Qui a mis cette huile là?
moi
motif.
art.
Qui était votre professeur ? Robert BRESSON

patti smith...

Il la baise jusqu'à prise de conscience.
Quand il sent le cri, gargouiller et monter dans sa gorge, il le fait taire
En lui introduisant de force sa chaîne de bicyclette entre les dents.
Maintenant il va la baiser lentement.
Il va assister à sa soumission pendant que son père est mourant:
Dans un spasme, ses mains agrippent l'herbe et le trèfle. La main de son
Père
Glisse et cesse son étreinte. Voilà un autre grand travail. Sa volonté et son
action, dissent indépendamment.

Ici elle est un criminelle. Elle participe activement à son propre viol
Glorieux et à la mort silencieuse et pathétique de son père. Elle n'est plus
Innocente mais un travail d'art vivant et res[illegible]
Gérard travaille. Tous ces détails, on incorp[illegible]s, sa
Destruction de l'homme et de la nature, sont des composants nécessaires.
Les parties qui finissent un tableau total et le seul vrai portrait de
Jackson Pollock - lâche, meurtrier et sale. Un maître pissant sur les
Boucles de Villon.
Un maître monstre dont le travail ressemble à un composite arrangé des
Jours et des nuits de maladresse. Un français est le premier à le
Reconnaître.
Jackson Pollck le premier véritable artiste américain luttant avec un
Dilemne totalement américain.
La mort en son sang, et la sang de Bunny était son plus beau travail.
Ca éclaboussait et tirait comme le premier souffle d'une effusion
Gérard pense à ces choses comme si il était entravé. Il a été conduit en
prison. Son geste dit non. Si un criminel est un artiste raté alors il est un
criminel. Regardez autour. La fille, flasque et partie, embrasse ses pieds.
La-bas, sur la rue, la porte de la voiture est un permanence incorporée au
Visage du décédé.
La lumière rouge entoure la femme sanglottante.
L'autoroute est encombrée des cubes de flash, et de débris graisseux. C'est
Mon plus beau travail leur dit-il. J'ai fait cela avec mes yeux ouverts et
Ma conscience nue et claire. L'homme au Pentax recevra une récompense
De la presse pour le cri de la femme. Qu'est ce que je recevrai et
Pourquoi me crucifie t'on?

L'art est un travail. Travailler est un act conscient.
L'art est un acte conscient qui nécessite le harnachement du subconscient,
Une énergie nucléaire et la discipline de l'esprit. Pour créer aussi
La distance, pour créer. Alors vient l'inventeur le miracle du ronflement
Du téléphone les couloirs puissants du Détroit. Où il y a la puissance
électrique il y a la violence. La violence électrique est l'homme à son
sommet. Marie est dans son procédé de naissance.
Gérard avale des Luger taillées comme des bonbons.
Gérard met sur le même plan la peinture et la voiture qui dérape,
s'écrase et crachotte. Comme les numéros 11, 14 ce n'est pas un accident.
Le dernier icône est imprimé en bleu derrière ses yeux. Il sait ce qu'il
Veut voir et contrôle la destruction.
Le dernier
Il verse de l'huile sur la route. Il attend dans le champ ses mains sur les
Hanches, en riant. Un garçon se mélange à un autre. Sa motocyclette, se
Pavanant à côté des couleurs de la robe déguenillée de Marie, est
couchée
Sur le flanc.
Il attend.
Il veut ressentir ce que c'est que regarder la destruction de sa création
Dans le procédé d'achèvement ultime.
Ses esperànces (feu, meurtre) sont sans limites.
Il ne possède aucun potentiel de remords.
C'est un monstre comme ses frères :
De Kooning : destructeur de femmes,
Gorky : lâche illuminé
Rothko : la vérité noire
Pollock : tueur licencié
Il désire aussi témoigne sa propre et imméiate réaction à sa création et
Graduellement la réaction des autres.
La réaction de la femme découvrant son mari en sang est un travail
d'art.
Gérard est le créateur mais il y a des sous-créateurs.
Un photographe léve son Pentax et prend son visage. Un cliché en suit
un
autre.
Le premier cliché était magique, un moment volé. Le chagrin frais est
entrainé par des clichés, en carcasse de pellicules. Tri-x.
La fille flâne d'une manière insensée dans la champ. Le garçon la tire
Avec lui sur le sol et la force à écarter les genoux. Elle est incapable de
Parler ou de crier. Elle est sur le point de phaser totalement.

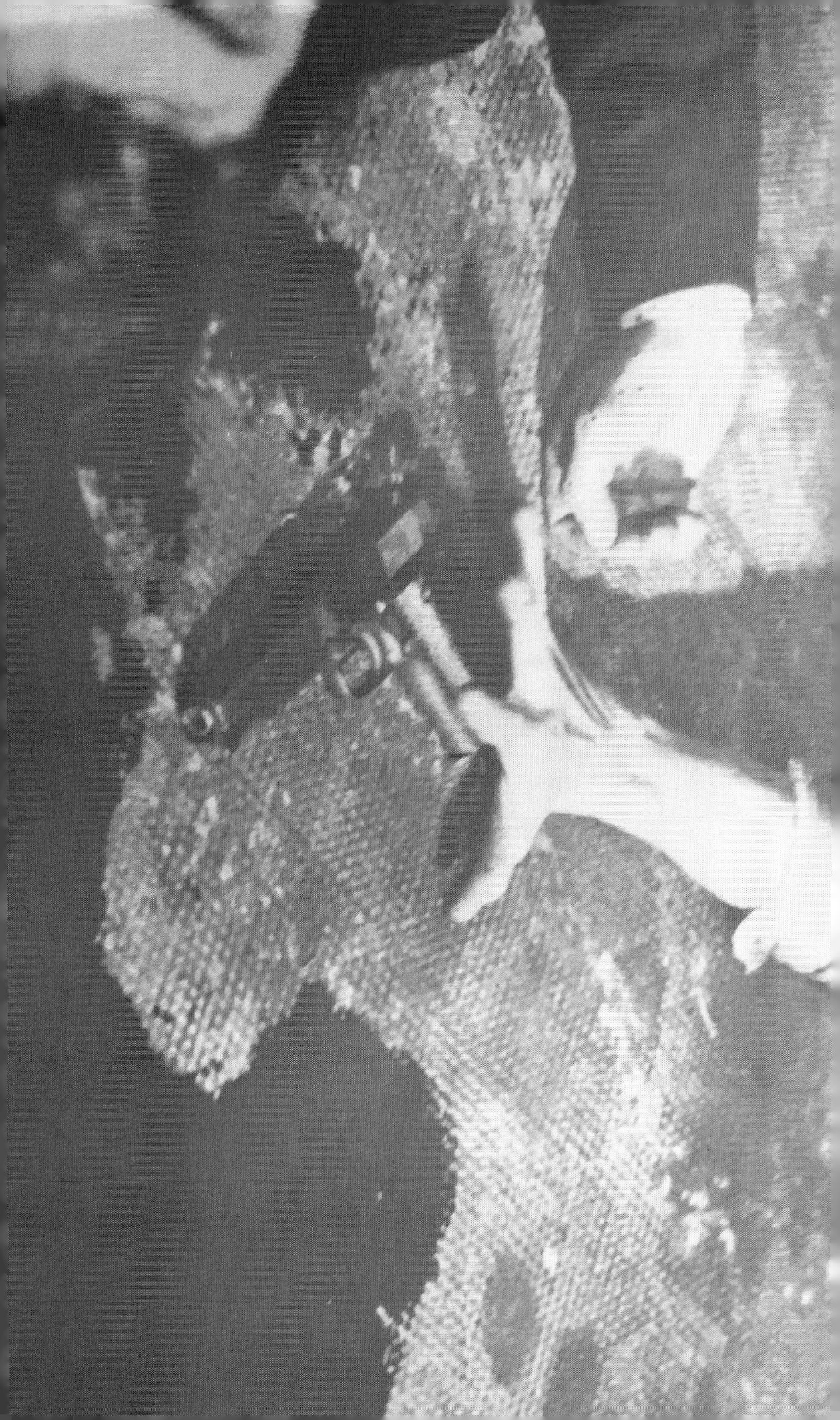

Robert BRESSON

Je m'éveillais emplie d'une force nouvelle.
Sur l'écran passait les enfants terribles.
Depuis ma maladie j'ai installé bien en vue un petit écran et un système
de
projection.
Il y a trois films qui passent continuellement. Les enfants terribles,
mademoiselle, et Thomas l'imposteur.
Tous des films blonds.
Pendant un certain temps il n'y avait plus qu'un seul film. - au hasard
Balthazar.
Je l'ai vu plusieurs centaines de fois en étant sous calmants. Pendant un
Certain temps, mon esprit était devenu un cahier d'alambics, d'annotation
Et d'art de ce siècle.
Caractéristique noir et blanc. L'émaille sur la toile de Pollock. Nous
sommes tous les enfants de Jackson Pollock.
Nous sommes tous des mutants chaotiques - une prolongation de son
action.
De son poignet fou qui nous fait tournoyer. Juste au moment où nous
manifestations notre propre attaque contre l'hymne via des accords vocaux
Et un sorte de little Richard et de James Brown ou Mick Jagger. Juste au
Moment où nous trichions dans la danse, une discipline d'abandon rituel.
Juste au moment ou nous avancions seuls et devenions quelqu'un avec un
Bras qui descend sur le << sonic set up >> d'une guitare électrique.
Je rêve beaucoup de Brancusi quand je joue de la guitare. Sa lutte avec le
marbe est mon drame avec le rock. J'aime le contact du cou. Un cou
fort et solide d'érable comme les veines épaisses d'un bras de garçon ou
La gorge d'un conquérant.

II

Il y a un close up de Marie. C'est le même Marie d'un plus un. La
Guerilla vierge fixe le bas.
Comme les madones de Sienne elle est capable de tenir une conversation
Avec la veine de son cou.
Elle est le modèle des artitiste Eve la maniputable elle est la victime le
Mouton sacrifié de l'inspiration.
La main de Gérard est sur son cou. Ses mains, comme ses vêtements,
Sont couverts d'extraits d'action-oil.
Comme l'artiste il est ce qu'il fait.
Ses vêtements sont noirs car il est poête.
Noir est l'uniforme, la peau es poête.
Ses vêtements sont noirs et l'huile aussi - son milieu.
Grâce à elle il peut réduire le langage en hyérogliphes physiques de
convergence, en mats bleus.

SOMMAIRE

MERCIER-DESCLOUS

DESIDERATA

PREFACE PATTI SMITH